"道路交通安全智能化管控关键技术与集成示范"项目技术丛书
课题二 高速公路网运行状态智能监测与安全服务保障
关键技术研发及系统集成

事件条件下高速公路网动态交通调度技术

宋国杰 王 琰 杜 仑 聂鑫维 编著

人民交通出版社

北京

内 容 提 要

本书在对高速公路交通流分配、交通事件条件下配流系统、动态交通流分配、交通流预测等理论的系统分析基础上,对传统动态配流模型及方法进行了系统介绍,建立了事件条件下动态配流框架,并按照交通事件类型分为突发性事件条件下动态配流和计划性事件条件下动态配流。

本书可供交通管理领域特别是从事交通安全教学、科研、管理的人员及交通工程、交通管理、土木工程、市政工程专业高年级本科生、研究生参考。

图书在版编目(CIP)数据

事件条件下高速公路网动态交通调度技术/宋国杰等编著. —北京:人民交通出版社股份有限公司,2024.12. —ISBN 978-7-114-19864-9

Ⅰ.U412.36

中国国家版本馆 CIP 数据核字第 2024K08E26 号

Shijian Tiaojian xia Gaosu Gongluwang Dongtai Jiaotong Diaodu Jishu

书　　名:	事件条件下高速公路网动态交通调度技术
著 作 者:	宋国杰　王　琰　杜　仑　聂鑫维
责任编辑:	姚　旭　钟　伟
责任校对:	卢　弦
责任印制:	刘高彤
出版发行:	人民交通出版社
地　　址:	(100011)北京市朝阳区安定门外外馆斜街 3 号
网　　址:	http://www.ccpcl.com.cn
销售电话:	(010)85285857
总 经 销:	人民交通出版社发行部
经　　销:	各地新华书店
印　　刷:	北京科印技术咨询服务有限公司数码印刷分部
开　　本:	787×1092　1/16
印　　张:	8.75
字　　数:	202 千
版　　次:	2024 年 12 月　第 1 版
印　　次:	2024 年 12 月　第 1 次印刷
书　　号:	ISBN 978-7-114-19864-9
定　　价:	45.00 元

(有印刷、装订质量问题的图书,由本社负责调换)

丛书编委会名单

主任委员 吴德金

副主任委员 张劲泉　周荣峰　李作敏　胡　滨

主　　编 李爱民　李　斌

编　　委（按姓氏笔画排序）

王　琰　牛树云　江运志　孙晓亮
李　丁　李　健　李　琳　杨　轸
吴明先　汪　林　沈湘萍　宋国杰
张　凡　张　利　张纪升　陈　洁
陈亚莉　陈宇峰　陈祥辉　周　宏
孟春雷　赵　丽　郝　盛　胡　钢
贾利民　龚　民　常云涛　董亚波
董宏辉　路　芳　蔡　蕾　燕　科

丛书前言

自人类进入汽车社会以来,道路交通安全问题已经成为当今世界一个严重的社会问题。为了遏制道路交通事故的发生,降低道路交通事故的危害,人类做出了不懈的努力。进入21世纪,国际社会对道路交通安全问题愈发重视,在全球范围内掀起了提高道路交通安全性的新高潮。但是,遏制道路交通事故发生、缓解道路交通安全压力仍是一项长期和艰巨的任务。

高速公路是公路交通运输系统的"大动脉",承担了我国70%以上的公路运输交通量,已成为我国综合交通运输系统的重要组成部分。然而,随着高速公路的快速发展,高速公路交通安全状况不容乐观。特别是随着我国机动化进程的不断加快,机动车数量和居民人均出行量进一步快速增长,改善道路交通安全的压力和难度仍在增大。

交通安全是道路交通研究永恒的主题,科技进步和新技术应用则是解决道路交通安全问题的重要手段。由科技部、公安部、交通运输部三个部委联合组织实施的"国家道路交通安全科技行动计划"一期项目"重特大道路交通事故综合预防与处置集成技术开发与示范应用"已于2012年正式通过验收。项目形成了大量具有先进性和实用性的研究成果,示范效果明显,示范路网内事故数平均下降了20.1%,重特大事故数降幅为21.4%,死亡人数平均降幅为27%。正是基于此,2014年国家又启动了"国家道路交通安全科技行动计划"二期项目"道路交通安全智能化管控关键技术与集成示范",其目标是在一期项目的基础上,利用传感网、大数据研判等先进信息技术,围绕道路交通安全的主要矛盾和突出问题,打造安全、有序的高速公路交通行车环境,实现交通行为全方位有效监管,促进重点驾驶人安全驾驶行为和习惯养成、交通秩序根本性好转,全面提升重特大交通事故的主动防控能力。

课题二"高速公路网运行状态智能监测与安全服务保障关键技术研发及系统集成"是"道路交通安全智能化管控关键技术与集成示范"项目的重要组成部分,面向国家公路网可视、可测、可控、可服务的战略需求,重点攻克并集成应用高速公路网运行状态感知与态势分析、路网运行预警与交通流组织、信息推送服务等关键技术，研发高速公路运行状态综合感知、路网运行态势分析、路网监测与安全服务保障平台等系统，研制公路传感网自组织节点设备、定向交通信息推送设备、异构系统间专用安全互操作设备等，建成协同高效的部省两级路网监测与安全服务保障平台，实现高速公路网运行状态的全时空监测，多尺度态势分析、研判、预警，跨区域协同管理和跨部门联动预警及安全信息主动推送服务。依托交通运输部公路网运行监测与服务系统工程和典型省（自治区、直辖市）公路网运行监测与服务系统工程开展示范应用，形成公路网运行监测与服务相关标准规范。

在科技部、公安部和交通运输部三个部委的高度重视和组织下，在各相关方向有专长的科研单位、大学、企业及行业管理单位等20余家单位的300余位研究人员，共同参加课题研究、示范工程建设及标准规范编制修订工作，取得了丰硕的研究成果，并通过"产、学、研、用"相结合的方式，保证研究成果达到"实际、实用、实效"的要求。本丛书是对"高速公路网运行状态智能监测与安全服务保障关键技术研发及系统集成"课题部分成果的总结，是"国家道路交通安全科技行动计划"项目的重要成果之一，涉及公路桥梁安全状态监管、路网结构分析评估、路网运行状态分析与态势推演、高速公路网交通流调度、跨区域大范围路网协同运行控制、高速公路信息服务、跨部门跨区域路网监测与服务保障平台等方面内容。本丛书可为公路行业的运营管理及交通安全改善工作提供指导，有助于进一步提升高速公路网的监测与安全服务保障能力，具有重要的指导意义和实用价值。

本丛书在编写过程中得到了交通运输部总工程师周伟，交通运输部公路局李华，交通运输部科教司庞松，交通运输部公路科学研究院王笑京、何勇、牛开民、傅宇方等领导的鼎力支持，得到了陈国靖、马林、关积珍、张明月、王辉、左海波等专家的悉心指导，交通运输部路网监测与应急处置中心、交通运输部公路科学研究院等20余家课题参加单位领导、同人给予了大力配合，在此表示衷心感谢！书中参阅大量国内外文献，引述文献的已尽量予以标注，但难免存在疏漏，在此对各文献作者一并致谢！

交通运输部公路科学研究院
交通运输部路网监测与应急处置中心
2023 年 1 月

前　言

交通流分配是交通规划的重要环节,也是智能交通系统的核心组成部分,对交通路网的运行安全和运行质量起重要作用。随着交通路网拥堵愈发严重,各种类型的交通事件层出不穷,给道路安全和公众出行带来不便。传统的静态交通流分配模型只反映交通网络的平均状态,不能详细刻画OD需求的时变性,对于动态交通特性的场景应用则相对不足,于是动态交通分配模型应运而生。

动态交通分配是动态交通网络分析以及交通需求预测的重要组成部分,也是智能交通系统(ITS)中最基础和核心的部分。动态交通分配当前仍处于发展阶段,还有许多问题有待解决,以往的研究更多针对离线过程,而对实时性要求较高的应用场景,设计出准确而高效的求解算法相对困难,满足实时的交通控制和交通诱导的需要则更难。近年来,国内学者在城市动态交通流分配领域取得了一些成果,但对于我国高速公路系统国家—省—路段这种多层级的道路交通流分配的研究相对较少,且对高速公路事件条件下的动态配流的研究还存在很大不足。

网络流是图论中一种理论和方法,研究的是网络上的优化问题。这种方法可容纳要素较多,特别是边权的类型众多,不仅有表示容量和流量的边权,还可以根据实际情况选择表示费用的边权,例如时间或通行费等。容量不仅有上界,也可以增加下界。这些多变的因素,使网络流方法在解决现实问题中有很好的适用性。但是,目前尚缺少以网络流方法为基础,针对事件条件下大范围高速路网进行实时动态配流的有效方法。

本书是国家科技支撑计划"高速公路网运行状态智能监测与安全服务保障关键技术研发及系统集成"(课题编号:2014BAG01B02)研究成果的归纳和总结。本书重点对各种突发性事件和计划性事件条件下大范围高速公路网交通流动态分配技术进行研究,系统地阐述了事件条件下高速公路配流的基本模型和关键技术,并结合实例验证了动态配流系统的有效性。

本书所涉及的基础理论主要针对高速公路路网中各类常态事件和非常规的

突发性事件,研究内容包括突发性事件条件下高速公路网动态配流方法、计划性事件条件下动态配流方法以及高速公路网交通状态的估计和预测,拓宽了高速公路动态配流技术的应用领域。

本书除署名作者外,王宜鸣和龙晴晴参与撰写了第8章和第9章。

鉴于动态配流相关研究仍处在不断探索和发展之中,加上作者水平有限,错误和不妥之处在所难免,敬请广大读者批评指正。

作者

2023年5月

目 录

第1章　绪论　/　1
  1.1　背景与意义 ·· 1
  1.2　研究现状 ··· 4
  1.3　研究内容 ··· 5
  1.4　内容组织 ··· 6

第2章　交通流配流技术　/　7
  2.1　传统动态配流模型 ·· 7
  2.2　高速公路动态配流模型 ··· 11
  2.3　本章小结 ·· 13

第3章　事件条件下高速公路网动态配流框架　/　15
  3.1　高速公路交通事件 ··· 15
  3.2　动态配流系统 ·· 17
  3.3　动态配流系统关键模块 ·· 20
  3.4　不同事件下配流系统功能分析 ··· 23
  3.5　本章小结 ·· 23

第4章　高速公路交通事件分类与特征分析　/　24
  4.1　高速公路交通事件数据 ·· 24
  4.2　高速公路交通事件分类 ·· 26
  4.3　高速公路交通事件特征分析 ·· 28
  4.4　本章小结 ·· 34

第5章　高速公路OD特征分析　/　35
  5.1　高速公路OD矩阵 ··· 35
  5.2　高速公路OD数据 ··· 35
  5.3　高速公路OD特征分析方法 ·· 36
  5.4　高速公路OD特征实证分析 ··· 42
  5.5　本章小结 ·· 61

第6章　高速公路交通状态估计　/　62
  6.1　路网交通状态估计 ··· 62
  6.2　历史交通状态估计 ··· 63
  6.3　实时交通状态估计 ··· 65

6.4 实验分析 ·· 66
6.5 本章小结 ·· 71

第 7 章　高速公路交通状态预测　/　72

7.1 路网交通状态预测 ·· 72
7.2 基于实例的学习 ·· 72
7.3 基于深度信念网络的学习 ·· 83
7.4 本章小结 ·· 86

第 8 章　突发性事件条件下的动态配流方法　/　87

8.1 网络流理论概述 ·· 87
8.2 网络流模型适用性分析 ·· 89
8.3 网络流模型的改进 ·· 90
8.4 基于网络流的动态建模 ·· 92
8.5 网络流动态配流算法 ·· 95
8.6 模型复杂性分析 ·· 101
8.7 模型评估 ·· 102
8.8 本章小结 ·· 107

第 9 章　计划性事件条件下的动态配流方法　/　108

9.1 计划性事件条件下的动态配流介绍 ·· 108
9.2 基本假设和变量定义 ·· 109
9.3 算法描述 ·· 110
9.4 模型评估 ·· 122
9.5 本章小结 ·· 125

第 10 章　总结与展望　/　126

10.1 总结 ·· 126
10.2 展望 ·· 127

参考文献　/　128

第1章 绪 论

1.1 背景与意义

高速公路网已经成为支撑国家经济发展、服务群众生活、保障国家安全的战略资源和设施。我国已建成世界上规模最大的高速公路网。与此同时，随着我国经济快速发展，货物运输量增长迅猛，居民出行大幅度增加。在包括铁路、民航和航运在内的综合交通领域中，公路运输提供的运量依然占据着主要地位。其中，高速公路作为公路运输中最高效的基础设施，不仅是城市之间联系的重要纽带，更是保障国家经济发展的重要基础设施。保障高速公路安全、快速、高效运行，是各级高速公路运营管理部门工作的重中之重。

随着高速公路网规模的不断扩大和交通量的迅猛增加，各类常规事件（如节假日7座及以下小客车免费通行、高速公路改扩建重大社会事件等）和非常规的突发性事件（如突发重大交通事故和恶劣天气等）对高速公路网运营的安全性和高效性提出了严峻挑战。示例如下：

（1）节假日7座及以下小客车免费通行。自从2012年国庆节我国实行7座及以下小客车高速公路免费通行以来，每年的免费通行期间，高速公路网都会遇到大面积瘫痪和层出不穷的事故。以安徽省高速公路网为例，2015年安徽省高速公路网日均交通量为89万辆，在免费通行期间日均交通量会达到180万~200万辆，发生了大量的交通事故，由此也引发了大量的交通拥堵。在这种情况下，全面利用路网运行状态的信息，建立大范围路网协同运行体系，通过优化各路段的交通量或限制入口交通量，尽可能最大化利用路网的运输能力，至关重要。

（2）重特大交通事故。2015年6月26日，安徽省宁芜高速公路桩号K69+270处半幅通行施工路段，发生一起大型旅游客车与重型货车相撞的交通事故，造成12人死亡、26人受伤。事故发生导致宁芜高速公路交通中断十几小时，大量车辆被滞留在路段中。

（3）重特大社会事件。2014年亚太经合组织领导人非正式会议期间，北京周边的河北高速公路发布了黄标车限行、货运机动车及未达标的载客汽车绕行、进京车辆单双号限行等指令。由于北京市六环路以内和怀柔主城区以内道路采取车辆限行措施，由河北省中南部去往唐山、秦皇岛、张家口、承德等方向及返程的车辆都受到影响，需要绕行。

（4）灾害性恶劣天气。2008年1月发生在长江流域的特大风雪，使得安徽、江西、河南、湖南、湖北和贵州等14个省（自治区、直辖市）共7786.2万人受灾，24人死亡，直接经济损失220.9亿元。受灾区域的高速公路和机场路面结冰,陆空交通瘫痪。京广铁路及京九铁路的供电网受到风雪影响,铁路电力供应中断。在灾害性天气影响下,空运已经完全中断,铁路网过于稀疏,可利用度低。公路网就成为这类事件下最主要的运输通道,但是由于缺乏有效的管理措施,高速公路也持续瘫痪,没有发挥应有作用。

上述常规和非常规突发性事件都对高速公路网的安全运营产生了严重影响,也对高速公路运营管理提出了更高要求。为有效应对此类事件,亟须提出一套适用于大规模路网的高速公路交通协同管理和调度指挥模型与决策支持系统。

高速公路网的动态交通流分配是高速公路协同管理与控制的核心环节,它能根据当前高速公路网的实际运行态势和突发性事件的特征,对高速公路交通流进行实时优化时空分配,在保障运输安全的同时,使得路网的运输能力得到最大程度的保证。

交通流分配本身就是交通规划中的一个重要环节,它是指将预测到的 OD(Original Destination,起讫点)交通量按照一定的规则分配到已知路网的各条路段上去,从而得到路网中各个路段的交通量和出行费用。交通流分配经历了由静态交通分配到动态交通分配的两个阶段。其中,动态交通分配理论的发展已经经历了近30年,比静态交通分配能更好地应对实际交通问题。

本书重点对各种突发性事件和计划性事件条件下大范围高速公路网交通流动态分配技术进行研究,是国家科技支撑计划"高速公路网运行状态智能监测与安全服务保障关键技术研发及系统集成"(课题编写:2014BAG01B02)研究成果的归纳和总结。

图1-1为本研究各专题间关系图。本书为专题三"大范围路网交通协同管理技术及系统研发"的成果。整个项目专题之间的逻辑关系如下:专题一研究高速公路网监测设施的部署,这些设施将用于改善路网运行状态和获取路网运行数据;专题二分析和处理这些数据,将其转换为流量、速度、密度等交通领域研究中的常用数据;专题三提出决策模型,基于前两个专题获取的数据,输出当前路网状态下最合理的绕行路线和限流建议;专题四将这些绕行和限流信息发布出去;前四个专题在专题五中集成为一个系统,最后通过专题六进行示范。从专题间关系可以看出,本书所述的关键技术是整个系统的核心组成要素。

图1-2为专题三内部的课题任务分解图。如前文所述,本书所述研究成果重点解决计划性事件、突发性事件条件下以及免费通行条件下的高速公路网交通流动态配流和组织问题。其他专题将基于该配流策略提出高速公路网的控制措施,使得路网运行状态达到配流模型给出的最优状态。

开展高速公路网交通流动态配流研究工作的意义主要包括两个方面:

1)理论研究价值

本书提出的基于网络流的交通分配模型具有一定的理论创新性。虽然提出的网络流配流模型也属于解析模型,但是较好地规避了传统解析模型在大规模真实路网中应用时的缺点,同时最大程度地结合了仿真模型的优点,为高速公路网事件条件下的动态配流提出了有效的解决方案。虽然高速公路网在网络流问题中属于多源多汇问题,但结合高速公路网的稀疏性以及联网收费数据易于获取起讫点(OD)信息等特点,可以将问题不断地拆分再进行求解,不仅使得模型可以接近最优解,并且极大地减少了模型的运行时间。较短的运行时间,结合联网收费数据动态上传的特点,相比传统解析模型可以保证配流策略对出行者行为改变有较好的反馈,也能更好地捕捉交通网络的动态特性。模型考虑了入口站点预测流量,并对 OD 矩阵保持实时更新,使得模型对实时重新选择出行路径也有较好的体现。在吸取了两种传统模型优点的情况下,尽可能地解决了一些影响传统模型在实际路网中应用的缺点,从而在传统解析模型的基础上,在宏观交通流动态分配层面提供了一种全新的模型和解法。

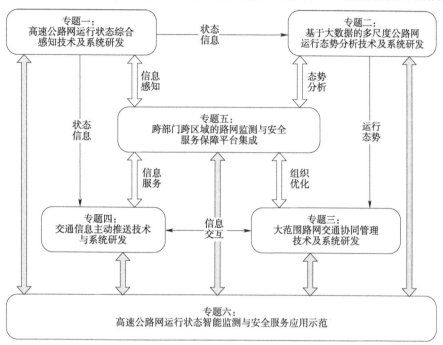

图 1-1　专题间关系图

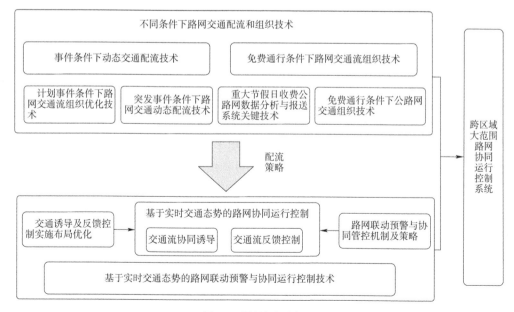

图 1-2　课题任务分解图

2）应用实践价值

从研究成果应用的角度来看：一方面，随着我国高速公路网规模逐渐扩大，路网结构日益复杂，传统的交通流动态分配方法的缺陷日益显现，而各类常态和非常态事件对高速公路正常运行的影响越来越大；另一方面，高速公路信息采集手段越来越先进，可以实时监测路网运行态势，而传统的决策方法没有很好地利用这些信息，亟须提出一种能够有效利用高速公路网各类型监测数据，并基于这些数据进行交通流动态分配，最大程度地利用路网通行能力的方法。本书提出的基于网络流的事件条件下的高速公路网动态配流研究成果可以很好地应对上述问题，在实践中发挥效用。

1.2　研究现状

1952 年，Wardrop 提出了著名的 Wardrop 平衡原则，开启了交通分配领域的研究，其中动态交通分配是研究热点。目前的动态交通分配模型研究主要集中于两个领域：解析模型和仿真模型。其中，解析模型又分为数学规划模型、最优控制理论模型和变分不等式模型。解析模型的研究热点主要集中在使用各类算法对其求解过程进行优化。而仿真模型的发展则伴随着各类仿真器的开发，并更多地被应用于解决真实场景的动态配流。

1）基于解析的动态交通配流模型

例如，使用离散非凸数学规划模型的 M-N 动态配流模型。这类模型适用于流量较小的小规模网络。当路网节点增加或流量较大时，模型计算时间消耗巨大。另外，大部分模型定义过于理想化，很难捕捉交通网络的真实动态特性。缺少实时重新选择出行路径的功能，难以有效描述交通控制手段及交通诱导信息对出行者行为的影响。基于以上原因，传统的解析模型难以直接应用于真实的交通网络。

2）基于仿真的动态交通配流模型

例如，Yagar 在 1971 年提出的针对每辆车进行动态配流的微观仿真模型。该模型可以更好地描述拥挤网络下的排队现象，适用于较大规模的真实网络，但是与解析的动态分配模型相比，微观仿真模型没有明确的数学表达式，求解结果的精度有限。同时，其成本较高，移植性较差，并不适用于本项目中要求的国家—省—路段的三级智能交通系统的应用场景。

归纳而言，上述方法都存在一定的局限性：仿真方法分析能力差，不能从模型本身分析模型的精度及其解的收敛性；灵敏度较低，不适合用于影响因素复杂多变的情况。对于解析方法，第一，这类方法中相关参数必须是给定的，很难根据实时的交通状况作出相应的调整；第二，只能根据当前的交通状况信息来作出判断，而不具备对后续行车路线进行预测的功能，提供的动态出行路径可能与用户所期望的最优路径相距甚远；第三，只适用于简单网络，应用于真实路网时需要降低精度，或者极大地提高运算代价，导致时效性极差。总之，目前常用的交通流动态分配方法都存在一定程度的缺点，不能很好地适用于本项目所面对的场景。

本书提出的基于网络流的动态分配模型属于解析模型的一种，具备解析模型的所有优点。同时，因为网络流算法的高效性及其按流量而不是单车进行配流的宏观处理方式，可以保证模型在高速公路网规模较大、事件条件下路段平均流量较大的情况下,依然保持很高的运行效率,克服了传统解析模型的缺点。同时,基于网络流的模型对输入的要求较低,高速公路联网收费数据即可满足所有的输入需求;模型应用成本低,适用于国家—省—路段三级智能交通系统的研发与应用。

1.3 研究内容

本书重点讨论了基于网络流的事件条件下大范围高速公路网动态配流方法,以高速公路实时流量、路段流量交通构成、实时 OD 等为输入数据,根据自定义的费用类型,获取事件条件下从每个路网节点流向各个路段的最优实时流量,以及路网内各路段分配后的最优实时流量。本书构建的模型主要根据路网结构和事件信息对路网进行重构,针对重构后的路网,以路段实时流量、交通构成、自由流通行时间和最大通行能力以及路网内收费站未来 Δt 时间内的预测流入高速公路的流量,更新实时 OD 矩阵。不同于传统最大流模型适用的网络,高速公路网中的节点是存在流入流量的,为防止配流后路段流量加上节点流入流量超出路段最大流量导致拥挤,需要在配流前对各个节点进行限流。根据实时 OD 矩阵及路段实时流量基于最大流模型,计算出每个收费站的限流情况,然后再次更新实时 OD 矩阵。最后,根据实时 OD 矩阵及路段实时流量,基于最小费用流模型,计算每个 OD 对流量的分配方式,最终得到事件条件下高速公路网的交通流组织策略。

概括而言,本书利用网络流理论模型求解简便、效率高和适用性强等优点,结合高速公路网 OD 信息精准的特性,提出了一套基于网络流的大范围高速公路网动态配流模型。在仿真数据集上验证了不同路网规模和路段流量下模型的性能,在真实高速公路事件数据集上验证了模型的有效性。

本书研究的创新点如下:

(1) 系统归纳了已有交通流配流模型的优缺点,提出了利用网络流理论中最大流和最小费用流方法的高速公路网动态配流模型,既保持了解析型模型理论分析性强、模型解释性强的优点,也利用网络流算法的性能提高了模型效率,使得模型能够更好地满足实际应用需求。

(2) 结合网络流理论和高速公路配流的实际特点,提出了通过拆分多源多汇网络的求解思路,并通过仿真数据的实验验证,证明了单源多汇的拆分方式效率更高,能够满足实际需求。同时,解决了高速公路网配流时路段存在超饱和流量的难题,使得模型在路段流量超出路段通行能力时依然能够正常求解,一定程度上防止了最优解的丢失。

(3) 从复杂性分析、运行效率和实施效果三个角度对所提出的配流模型进行了验证:针对不同的真实事件和真实数据,分别比较真实情况下事件发生后路段/路网运行效率和使用交通流分配模型进行交通流组织之后的路段/路网运行效率,以此判断模型的有效性。

(4) 集成上述研究成果,实现了一个基于 B/S 架构的事件条件下高速公路网动态配流原型系统,在真实应用场景下初步验证了该原型系统的可靠性和适用性。

1.4 内容组织

本书分为10章,各章内容按如下方式组织:

第1章:在当前研究背景下,阐述本书研究的重点内容,即基于网络流方法的事件条件下大范围高速公路网交通流动态分配的具体模型及算法,简要介绍了针对该领域的研究现状。最后通过研究背景和研究内容的介绍,引出动态交通流分配的研究意义。

第2章:介绍交通流动态分配的基础知识,主要介绍国内外动态交通流分配模型的研究现状、动态交通流分配的特性以及传统的动态交通流分配的方法。之后介绍了高速公路动态配流与城市动态配流的区别,并针对性地介绍了该领域的研究情况。简要介绍了事件条件下动态配流与常规动态配流的区别,以及网络流理论,尤其是本书研究提出的模型会用到的最大流理论和最小费用流理论。

第3章:从整体上描述事件条件下高速公路网交通流动态配流的框架,对突发性事件和计划性事件给出概念描述,对动态配流系统的关键组成模块进行分析,并对关键模块的功能进行了介绍。

第4章:对高速公路交通事件进行了分类,较为详细地对高速公路交通事件的特征进行了全面分析。

第5章:对高速公路上交通流的OD特征进行了分析,给出了高速公路OD特征分析的方法,并通过真实的收费数据进行全面的实证分析。

第6章:介绍了如何在高速公路上基于联网收费数据反演推断历史的交通状态,以及如何实时对在线的交通状态进行在线评估。

第7章:对高速公路的交通状态的预测方法进行了较为详细的描述,主要包括单点交通状态的预测和面向全路网的交通状态预测。

第8章:详细地给出了在突发性事件条件下高速公路网动态交通流配流的系统描述,主要包括网络流基础理论、网络流的适用性分析以及模型的改进,然后介绍了基于网络流理论的动态建模方法,最后介绍了评价路网运行效率的常用指标,并通过真实事件数据下的对配流效果进行了评估。

第9章:介绍了计划性事件条件下的高速公路网交通流动态配流的方法,对网络流理论进行推广,并给出了相关的性质证明。最后在真实数据的基础上进行了试验分析验证。

第10章:对本书的主要工作进行总结,并展望了一些未来可能的研究方向。

第 2 章 交通流配流技术

本章首先对本书涉及的动态配流模型的相关研究现状进行系统的综述,分析了现有方法的主要特点;然后结合高速公路动态配流的实际特点,回顾相关的配流模型和方法,对高速公路动态配流的主要研究成果进行总结;最后对本书主要采用的网络流理论的相关概念及主要模型与方法进行了阐述。

2.1 传统动态配流模型

交通流分配是交通规划的重要环节,也是智能交通系统核心的组成部分。它是指将预测得到的 OD 交通量,依照已知道路网拓扑结构,按照一定的规则尽可能符合实际情况地分配到路网的各条路段中,进而求出路网中各条路段的流量及 OD 费用矩阵,并对交通网络使用情况作出分析和评价。

2.1.1 模型概述

从交通流分配理论的发展史来看,早期的交通流分配主要研究静态交通分配模型。例如,1971 年,Tomlin 将运量和交通分配结合,运用线性规划的方法进行配流,构建了运量与配流组合模型。静态交通流分配从 1951 年起研究并发展了多年,不论模型还是应用都较为成熟。静态交通流分配模型最初被提出是在城市交通规划领域。城市交通规划一般都以年为单位,因此只需要交通流分配模型反映交通网络的平均状态,并不需要描述动态交通特性。但是,随着交通路网愈发复杂,各类型交通事件层出不穷,导致交通拥挤频繁发生,拥挤带来的影响愈发严重。为解决此类问题,需要交通流分配模型详细地刻画出 OD 需求的变化。然而静态交通分配并不能刻画这种时变性,于是动态交通分配模型应运而生。

动态交通分配理论以 1978 年离散非函数学规划模型(M-N 模型)的提出为标志,由于其可以描述交通网络态势时变性这一特点,因此获得了众多学者的青睐。大量的研究者对其理论和应用进行了广泛的研究。所谓动态交通分配,是指将时变的 OD 需求,按照一定的规则,符合实际情况地分配到路网中不同的路段上,以达到降低个人或系统费用的目标。它是在交通状况已知的情况下进行交通流分配,分析出交通量的最优分配模式,为交通控制、交通管理和动态路径诱导等提供较科学、可靠的依据。其中,交通状况主要分为两种:交通供给状况和交通需求状况。交通供给状况主要指路网拓扑结构和路段本身特性;交通需求状况则指出行需求,即 OD 矩阵及其分布,也就是实时流量。

如上文描述,按照优化目标,动态交通分配可分为动态用户最优(Dynamic User Optimum,DUO)和动态系统最优(Dynamic System Optimum,DSO)。本书研究的事件条件下大范围高速公路网动态配流模型,其目的是降低事件对路网的影响,最大程度地利用路网缓解事件路段的拥挤,因此在优化目标上选择DSO。直至今日,动态交通分配仍然处于发展阶段,还有许多问题有待解决。这是因为以往的研究更多的是针对离线的过程,并且由于考虑了时间因素,设计出准确、高效的求解算法较为困难,满足实时的交通控制和交通诱导的需求则更难。本书的研究主要针对传统动态配流模型的缺陷,利用网络流的思路加以改进,尝试将其应用于真实事件和真实数据,并根据路段/路网运行效率评价模型对配流效果进行评价。

动态交通分配区别于静态交通分配最显著的特点就是在分配模型中加入了时间变量,从而把静态交通分配中的路段阻抗和流量的二维问题转换为路段阻抗、流量和时间的三维问题。动态交通分配模型在时变需求下处理路网的动态时变特性,同时考虑复杂的供需关系,因而由动态交通分配理论和模型推导得到的交通量分布能更准确地拟合实际交通状况。简单来说,动态交通分配能更好地反映路网中交通流的拥挤性、路径选择的随机性和交通需求的时变性。时间变量的引入使得动态交通分配比静态交通分配具有更高的适用性和优越性。动态交通分配大致可以分为两大类:一类是基于路网运行态势的解析模型,另一类是基于车辆的仿真模型。

2.1.2 解析方法

传统基于路网运行态势的解析模型可以分为三种:数学规划模型、最优控制理论模型和变分不等式模型。

1)数学规划模型

第一个基于路网运行态势分析建立的动态配流模型是 Merchant 和 Nembauser 建立的 M-N 模型,这是一种针对多起点单终点路网动态系统最优(DSO)路径选择模型。Carey 用非线性凸规划改进了 M-N 模型。为了克服 M-N 模型的非凸性,将路段流出率作为决策变量,路段流出率是非负、有界的。再利用非线性凸规划的已知成果,得到最优解存在的充要条件。模型的最大缺点是局限于多起点单终点的路网。这种模型假设明显难以满足实际应用的需求。Janson 在静态交通分配的基础上,基于平均路段通行时间和交通流的关系提出了一个动态离散优化模型,同时还给出了模型解的具有启发性的算法,但是其分配过程是近似的,而不是均衡分配。Carey 首次提出了动态交通分配的先进先出原则,如果不遵循该原则,将导致模型的解不合理。路段流出函数是动态交通分配理论建模相比静态交通分配模型的关键与特殊之处。Carey、Wie 给出了路段流出率的一些特殊形式。因为在实际情况下,路段流出率与其下游的交通状况有关,也与路段的最大通行能力有关。有些研究中,关于路段流出率的选择也有只与本路段车辆数有关而与其他路段上的流量无关的,这类模型显然是不切合实际的、不完善的。Liu 给出了路段流出函数的严格形式,但因为路段行走时间函数不是已知的,带来较为复杂的计算,因而其应用受到了限制。基于路段流出率选择的动态交通连续模型往往都缺乏有效的解法,只能将模型离散化再求解。因此可以说,对于数学规划模型,离散化是解决问题较好的途径之一。

2) 最优控制理论模型

Friesz、Ran 和 Shimazaki、Wie(1989)利用最优控制理论进一步将 MN 模型扩展成为多起点多终点 DSO 模型。他们将 MN 模型重构为一个连续优化模型,利用 Pontryagin 极小值原理导出优化条件。Wie 提出了一个推广的 DUO 模型,把静态 Wordrop 平衡推广到动态用户平衡。有些研究中,基于最优控制理论的模型只将给定时刻路段的驶入流量作为控制变量,而将路段驶出率看成是路段交通量的函数。Ran 和 Shimazaki 考虑了瞬时通行时间的平衡关系,将路段驶出流量也定义为控制变量,提出了改进型 DUO 模型。这样做遇到的问题是,如果路段驶出流量是路段交通量的非线性函数,模型的求解则是比较困难的。Ran B 又提出了具有交通流传播守恒约束的一类新的瞬时路径选择模型,Ran 提出的用户平衡条件和 Friesz、Wie 等的不同之处是:用户不仅可以在起始点,还可以在任意一个中间节点选择路径,且优化条件任意节点之间都能满足。最优控制理论建立的模型具有易于分析的优点。这类模型通常被转化为离散形式的数学规划问题再进行求解。但是,基于最优控制理论的模型求解容易发生维数灾难,实际应用难度较高。为解决这一问题,部分学者提出了随机动态交通分配模型。Vythoulkas、Cascetta 为一般路网建立了逻辑型的随机动态配流模型,其理论基础与动态交通分配模型是相似的,所不同的是对出行者的路径选择运用了随机过程理论。这样虽然避免了维数灾难,但是模型复杂度大大增加,实用性进一步降低。

3) 变分不等式模型

变分不等式(Variational Inequality)模型曾经广泛应用于经济领域和工程领域,该方法使得很多优化问题的求解变得容易。其在交通工程中的应用始于 Dafermos。Friesz 的研究表明,Wardrop 静态交通分配原理的数学规划问题是一类变分不等式问题的特殊情况。Friesz、Jauffred 和 Benstein、Ran 和 Boyce 等都先后给出了交通分配的 VI 模型。与传统数学规划模型和应用了最优控制理论的模型相比,变分不等式(VI)模型有两个优点:一是变分不等式问题更普通,可以处理没有优化公式的非对称交通分配模型;二是已有成熟的解法可以应用于变分不等式问题。

随着有限维变分不等式和非线性互补问题(Nonlinear Complementarity Problem,NCP)理论取得了迅猛发展,交通分配模型作为其重要的应用对象,对变分不等式理论的发展起了很大的推动作用。这类方法也极大地丰富了动态交通分配模型的研究方法,学者们从不同的角度为解决动态交通分配问题作出了有益的尝试。

国内的学者对交通流分配的研究起步稍晚,且大部分研究主要集中在静态交通分配领域。目前,在动态交通分配研究领域,具有代表性的学者们在城市动态交通流分配方面也取得了一定的成果。其中,如王炜和石小法给出了预测型动态网络交通模型反映了出行者对路段权重的预测依赖于先进的交通信息系统和决策者的理想预测这一特点。高自友、任华玲等针对瞬时动态用户最优,通过建立流量传播约束和路段平衡方程以及一系列变分不等式模型的方法探讨了动态交通流分配领域的诸多模型;研究了基于出行行为分析的城市交通网络承载能力,构建出拥挤条件下公交车最优发车频率及公交均衡配流的优化模型,并设计了有效的求解算法。该方法对提高公共交通管理的科学性具有重要的理论支撑作用。另外,高自友还对求解路网交通均衡配流问题的高效算法进行了设计,并提出了求解离散网络设计问题的支撑函数法,部分解决了该 NP 难问题。此算法目前也被同行认为是当今国际上四个求解离散网络设计问题最有效的算法之一。杨兆升将 Papageorgiou 建立的最优控制动态交通分配模型体系与遗传算法结合,设计了模拟优化算法。黄海军等在国际上较早地研究并提出了世纪交通网络中应用多车种组合的交通分配模型(建立了符合先入先出 FIFO)特性的动态交通分配模型,并提出了可收敛至均衡状态的 Swapping 算法,解决了多准则交通网络中用户平衡(UE)到系统最优(SO)的匿名收费实现等难题。

2.1.3 仿真方法

基于路网运行态势的解析模型将车辆看作连续流,而基于车辆的仿真模型把车辆看成离散车辆或车辆对。最早的仿真动态交通分配概念是 1971 年由 Yagar 提出的。而第一个用于实际交通网络的基于车辆的分配模型是 CONTRAM,此后,DYNASMART、DYNA、DynaMIT 等仿真模型相继开发出来,这些模型将车辆分组,每组的车辆数不一定完全相同。假设每组车辆遇到的交通状况相同,例如,它们都走相同的路径、有相同的排队等待时间、在指定的时间到达同一节点,在利用随机系统和排队理论研究车辆的运动规律方面,Smith 在 CONTRAM 的基础上考虑了路段流量限制,即每一路段车辆的进出率受其最大容量限制,在拥挤状态下,为了满足这种限制,常常把一对车辆分成几个小队,这样原来在同一组的车辆就不一定同时到达目的地。在这些仿真模型的基础上,越来越多的学者开始了动态交通分配仿真方法的应用研究。Shelton 等利用 Dynasmart 评价高速公路的收费标准、高承载车道、封闭车道、货车禁行等不同措施对路网的影响。Rathi 和 Balakrishna 等利用 DynaMIT 分析发生突发性事件时,实施路径有道信息及借用对向车道对路网运行状况的影响。Wirtz 和 Sisiopiku 等分析了不同类型的事件对不同特点路段组成路网的影响。Han 和 Yuan 使用 VISSIM 对无指定目的地的特殊交通需求进行最优疏散终点规划,并进一步研究了疏散管理方案的制定及评价方法。Gomes 等则利用 VISSIM 建立了加利福尼亚州的仿真模型,并将其应用于 I-210 西高速公路的控制系统。

近年来,国内学者也开始尝试使用仿真方法进行动态交通分配的研究。其中,邵春福等提出一种基于计算机模拟的动态交通分配模型的分布式并行算法,可以服务于智能交通系统的实时调度功能。刘瑞琪等提出的基于动态交通分配模型对考虑交叉口分流型延误的路网模型进行了标定和改进,但模型不适用高速公路或城市快速路。高利平等利用 VISSIM 评价了不同交通信息诱导措施实施前后区域道路交通运行状况的变化,但是研究结论缺乏验证。秦旭彦等研究并实现了动态交通分配在 ITS 中的应用,该模型可求解路段行程时间和交通流的关系,具有较好的单机效率,并且可通过并行优化,但适用范围仅限于存在信号控制的交叉口。

从上述研究中可以看出,虽然仿真模型可以更好地模拟真实情况,将交通控制等措施集成到模型中也相对容易,并可以用于评价 ITS 中交通信息服务和路径诱导的效果,但是这类模型的分析能力差,无法从模型本身分析其解的收敛性及精度,并且模型可移植性较差,导致成本高,不太适合我国高速公路系统国家—省—路段这种多层级、多终端的ITS。

2.1.4 模型特性

通过上述研究可知,将动态交通分配与静态交通分配对比,可以清晰地总结出动态交通分配的典型特性,包括因果性(Causality)、先进先出原则(First-In-First-Out)、路段状态方程(Link State Function)、路段特性函数(Link Performance Function)及路段阻抗函数(Path Cost Function)。

(1)因果性:指当前的出行者行为不受将来行为的影响,只与其他出行者的过去行为有关,即出行者的行为始终只受到下游车流的影响,与上游车流无关。然而在静态交通流分配中,当前出行者行为与将来和过去均无关。

(2)先进先出原则:假设先驶入路段的车辆必先离开,即同时进入相同路段的车辆,行驶速度相同,不会存在后面车辆超越前面车辆的现象。一般先进先出原则不一定在分配模型中出现,只要建立正确的路段流出函数,先进先出原则会自动满足,即该原则属于必要假设。

(3)路段状态方程:一般意义上的路段状态方程有两种形式,包括离散时间形式和连续时间形式。本书研究中采用的状态变量指的是某时段内,一个路段上存在的车辆数,该量为时空观测量。在静态分配中则采用的是交通量,是与时间无关的观测量。

(4)路段阻抗函数:传统的动态分配模型中,路段阻抗函数主要包括实际路段阻抗和瞬时路段阻抗。实际路段阻抗指走完一条路段所花费的实际时间。瞬间路段阻抗指某一条路段,在某一特定时刻,各路段阻抗之和。在静态交通分配中,该值不随时间变化而变化。

2.2 高速公路动态配流模型

目前,针对动态配流模型的研究主要针对城市路网,由于高速公路具有其独特的特点,需要针对高速公路的特点修改模型。首先,介绍高速公路交通流配流与城市交通流配流含义不同的术语:

(1)网络:指所有节点和连接节点的边的集合。在本书研究中提到的大范围高速路网就是由收费站、互通等节点以及路段组成网络。需要注意以下两点,首先,高速公路网是分方向的;其次,同一个收费站是分为入口站点和出口站点的。

(2)节点:高速公路网的节点指的是出入口收费站、主线收费站以及互通枢纽。

(3)边:高速公路网的边指的是连接两个收费站的路段。

(4)路段:高速公路网中相邻两个节点之间的交通线称作路段。

(5)原子路段:高速公路网中相邻两个收费站之间的路段被称作原子路段,是高速公路交通流动态分配的路网层面的最小单位。

(6)路径:高速公路网中任意一对OD点对之间,从起点(O点)到终点(D点)之间一连串联的原子路段的有序排列叫作这对OD点对之间的路径。一对OD点对之间可以有多条路径。

（7）OD 流量：指从某一起点到某一终点的交通需求量，即有多少车需要从起点 O 到达终点 D。在高速公路网的动态交通流分配中，分配结果是各路段上的车流量。

（8）路段阻抗：一般为原子路段车辆的行驶时间。

根据上述概念，可以对高速公路网进行建模，如图 2-1 所示。图中 *ABCDEF* 均为收费站。其中 *A* 为主线收费站，即收费站出现在高速公路路段当中。*B* 点所示的结构为匝道收费站，即收费站在高速公路路段主线之外，且有时候进出口不在同一位置。*X* 点位交通枢纽，即多条高速公路的交汇点，可以实现路往内分流，但车辆无法驶出路网。C_1、D_1 和 D_2、C_2 均为原子路段。

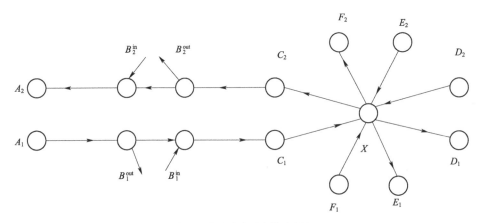

图 2-1　高速公路网建模示意图

从路网结构来看，高速公路与城市道路最大的区别就在于，高速公路主要通过收费站来控制路段上的流量，而城市道路则是使用交通信号灯。所以在配流方法上，高速公路使用的配流方法和城市道路并没有很大的区别，而在控制手段上区别较大。因此，很多学者除关注模型算法外，更关注控制手段。按照控制方法的不同，可以分为三种：主线交通控制、出口匝道控制及入口匝道控制。

高速公路主线控制分为以下三种方法。第一，可变车速控制。在道路主线上设置可变限速标志，修改道路的限制车速。第二，车道封闭控制。即因修路或事故而封闭某一行车道禁止行车。第三，可逆车道控制。当高速公路双侧流量不平衡时，可以采用在流量较低一侧借道的方法。因为驾驶员对变限速控制的遵从率较低，而且临时修改限速也无法进行超速检测，另外，可逆车道控制和车道封闭控制都存在发生二次事故的风险，如果不是需要疏导拥堵车辆的事故路段，并不能作为常规控制手段。

高速公路出口匝道的控制主要是限制驶离高速公路的车辆数，甚至封闭出口。这种方式往往被认为是弊大于利，因此较少采用高速公路入口匝道控制主要是限时限制驶入高速公路的车辆数。目前关于高速公路动态配流的研究中，大部分都会采用这种方式控制路网流量。按照基于原理的不同，入口匝道控制又可以分为以下三种。

1）基于模型的控制

顾名思义，这种控制方法指的是按照前文所述的某种动态配流模型的约束条件及求解结果,计算路网入口匝道的调解率。常用的控制目标就是动态配流模型的优化目标,例如旅行时间最短、延误最小、服务流量最大等。基于模型的控制按照控制区域的不同,也分为单入口匝道控制和全局控制。单入口匝道控制比较经典的模型有需求-容量模型、线性二次模型。全局控制就如前文动态配流方法一样,可以使用线性规划模型、最优控制理论模型、变分不等式模型及仿真模型等。目前的研究情况也如前文所述。

2)分层递阶的控制

由于交通系统最优控制问题的计算通常较为复杂,所以也有很多学者选择采用分解-协调的方法求解,也称为递阶的方法。在经典的递阶方法中,把高速公路交通控制系统分解为直接控制层、优化控制层、自适应层。直接控制层采取适当的入口控制量及限速稀疏,使交通状态变量(例如密度、速度、入口排队长度等)保持在期望最优。优化控制层确定状态和控制变量的期望轨线,以便直接控制层进行实时控制。自适应层为优化控制层提供符合实时交通态势的模型参数或约束条件。近年来,也有学者提出了两层反馈的高速公路入口匝道控制系统,下层作为局域控制,上层则是全局控制。整个控制系统分为状态估计、OD预测、局域控制及全局控制四个模块。

3)模糊控制

在传统的控制领域里,控制系统动态模式的精确与否是影响控制优劣的最主要关键,系统动态的信息越详细,则越能达到精确控制的目的。然而,对于复杂的系统,由于变量太多,往往难以正确地描述系统的动态。换言之,传统的控制理论对于明确系统有强而有力的控制能力,但对于过于复杂或难以精确描述的系统,则显得无能为力了。因此,便尝试着引入模糊数学的观念来处理这类复杂的控制问题。高速公路系统是典型的复杂系统,因此,也有学者尝试使用模糊控制的方式来解决入口匝道控制的问题。

最早将模糊控制理论应用于交通控制的是城市交叉路口交通信号灯控制,用于高速公路入口匝道控制的研究较少。有文献指出,当交叉口之间的距离超过800m时,联合控制的效果尚不如单独控制。而高速公路入口匝道的距离通常都超过了1km,因此利用模糊控制进行入口控制效果提升也不明显。

从上述相关研究可以看出,高速公路动态配流与城市道路动态配流最大的不同,就是配流模型输出结果除去路段最优流量外,还应该包括收费站入口的流量情况。因此,本书研究提出的模型除了根据路网运行态势给出路段最优流量外,也会给出各个入口收费站的流量限制情况。

2.3 本章小结

本章首先介绍了传统交通流分配问题中常用的方法,通过介绍动态交通分配与静态交通分配的区别,解释了要研究动态交通分配模型及研究中的难点的原因。接着介绍了动态交通分配的特点以及其适用于分析真实路网的原因。然后分别介绍了解析的动态交通分配方法和仿真的动态交通分配方法,以及它们的研究现状以及它们的优缺点。正是因为有这些缺点的存在,引出本书研究的基于网络流的动态交通分配方法。紧接着,本书简单介绍了在高速公路领域应用动态交通流分配方法需要了解的常见术语,随后介绍了高速公路交通分配的相关研究。因为收费站属于特殊基础设施,高速公路动态分配的研究更多地关注收费站和路段的控制方法。从这些相关研究中分析可知,本书提出的大范围高速公路网动态配流方法除需要获得传统动态配流方法给出的路段最优流量外,还需要能够给出入口收费站的流量限制情况。最后,本章简单总结了事件条件下配流的特点,为建立更精确的配流模型作指导。

第3章 事件条件下高速公路网动态配流框架

本章首先介绍了高速公路交通事件的类型,将其分为突发性事件和计划性事件,并介绍了动态配流系统的基本概念以及不同事件条件下动态配流系统的主要内容和动态配流系统的设计与实现,最后对不同事件条件下动态配流系统组成进行了分析和总结。

3.1 高速公路交通事件

高速公路交通事件指在高速公路或邻近区域发生的,影响高速公路交通流正常运行,需要响应主体立即作出反应,使之得到有效控制的危害性事件。该定义涵盖了发生在高速公路上或意外的自然灾害、治安刑事案件、恐怖事件、群体性事件等影响高速公路网正常运行的突发性事件。

国内外关于交通事件的分类方法研究较多,对于国外交通事件,其分类方法如下:①最简略的分类方法——按照事故导致人员伤亡程度;②A-B-C 分类法——死亡、A、B、C 级受伤;③AIS 分类法——按照受伤程度分为6个等级;④MAIS 分类方法——最大程度的简略受伤分类,也分为6个等级;⑤事故费用组成分类法——费用包括4部分,分别为社会公共机构、人力资本、社会精神损失、生活和安全价值。其基本分类标准为交通事件尤其是交通事故的人员伤亡情况来划分。对于国内的交通事件,其分类依据为:①主-附生型分类法——主生型和附生型灾害;②事故原因关联分类法——分析事故的相关因素;③灾害分类法——自然灾害、环境灾害和人为灾害等。其分类标准为不同的灾害类型。

高速公路上的交通事件按性质分为事故类交通事件、自然灾害类交通事件、社会安全类交通事件及常规交通事件。事故类交通事件包括:涉及人员伤亡的事故;涉及危险物品运输事故;仅有财产损失事故。自然类交通事件包括:恶劣天气类交通事件;地质灾害类交通事件;其他灾害类交通事件。社会安全类交通事件包括:涉外交通事件;治安类交通事件;其他公共安全类交通事件。

根据交通事件的可预测性并结合示范路网的交通事件数据以及专题三项目需求,将交通事件分为计划性事件和突发性事件。计划性事件可以认为是非突然发生、经过事先预告、提前发布通知或消息的交通事件,高速公路用户可以提前根据信息作出应对措施等,一般指道路施工、养护、交通管制等可预测的事件;突发性事件即指事件突然发生或没有预先的警告、预报等,无法提前作出应对措施而造成较严重的后果等,一般指高速公路突发交通事故等不可预测的事件。

3.1.1 突发性事件

高速公路突发性事件,是指由于自然或人为的诱因,使得高速公路原有的正常运营功能减弱甚至丧失,对人民生命财产和社会生活造成灾难性后果的事件,如交通拥挤、堵塞以及交通事故等。其中波及面广、危害程度大、难以在短期内得到控制的事件,称为重大交通突发性事件。高速公路突发性事件的定义,通常具有结构和心理两方面的含义,其结构概念侧重于突发性事件现象的客观方面,而心理概念则侧重于危机感知的主观方面。从系统角度来看,突发性事件是一种改变或破坏系统当前平衡状态的现象,可能使一个或若干关键系统变量发生变化;从时间角度来看,突发性事件一旦发展成危机,将是一种具有长远影响结果的失稳现象,会导致新的不稳定;从事件处理的角度讲,突发性事件可以被定义为一种决策形势,此时,社会利益受到威胁,意外事件或不确定前景造成高度的紧张和压力,而作出重大决策和反应的时间相当有限。

更具体地,高速公路突发性事件多指由于突发交通事故而造成的交通类事件,一般包括严重的突发性事件,如重大的交通事故致人伤亡、损失严重等,以及非严重的交通事故,如剐蹭等未致人损伤。追尾、撞护栏、倾翻、自燃、停电、剐蹭、恶劣天气等构成了突发性事件的主体;其中,撞击高速公路基础设施,包括护栏、蘑菇桶、路肩、安全岛等;停电主要指隧道由于不可控原因导致停电;倾翻包括碰撞、倾翻等原因造成的车辆翻转;恶劣天气指由于大雪、大雾等天气造成车辆制动能力下降、能见度较低,从而导致交通事故。

突发性事件发生的时间和地点是随机的,具有不可预测性;一旦发生将严重干扰交通流的正常运行,降低道路的通行能力,继而引发交通事故或者二次事故,往往会导致高速公路的长时间拥堵。

3.1.2 计划性事件

高速公路计划性事件是指由于道路管理者有计划、有目的性地对高速公路进行管制,使得高速公路原有的正常运营功能减弱,对人民生命财产和社会生活尚未造成重大影响的事件,具有持续时间较长、规律性等特点。

计划性事件一般指施工、养护、模拟演练等有规律、持续时间较长的交通类事件。在示范路网的交通事件数据中,计划性事件包括道路施工、养护、维修、封道四个子类;道路施工一般对应道路改建、大修工程,工期较长,对施工路段有较长时间影响;道路养护指对包括路面、路肩、路边、桥梁等交通基础设施的养护,以及排水、除雪等控制,一般对路段影响较小,持续时间相对较短;道路维修指一般的养护手段不能解决的工程,包括改善路面平整、改善排水、路面翻修等,但持续时间相对较长;封道指由于施工、维修、恶劣天气、特殊活动等对路段的一个或多个车道进行封闭,对路段的车流量影响较大。

计划性事件的特点是发生的时间、地点已知,交通管理部门可以提前按照制定的计划和预案去执行。

3.2 动态配流系统

3.2.1 基本概念

动态配流是指高速公路网中将时变的 OD 需求,按照一定的规则,符合实际情况地分配到路网中不同的路段上,以达到降低个人或系统费用的目标。动态配流系统是实现高速公路网事件条件下动态配流的具体方法,包括配流前交通数据的收集和处理、路网交通状态的估计和预测、事件对高速公路网运行影响评估、对不同事件条件下的配流模型以及交通流组织、动态配流后路网运行效率的评估。

事件条件下动态配流系统按照事件类型可以分为突发性事件下的配流系统、计划性事件下的配流系统。基于高速公路收费数据,通过对路网交通流进行估计和预测,从而对事件条件下路网运行效率进行评估,根据动态配流模型及交通流组织,对动态配流后路网运行效率重新进行评估,以验证配流的有效性。

3.2.2 突发性事件下的配流系统

突发性事件下的高速公路网动态配流系统流程如图 3-1 所示。

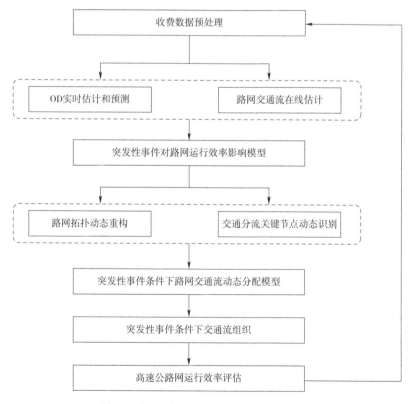

图 3-1 突发性事件条件下的动态配流系统流程

1）收费数据预处理

对高速公路网收费站收集到的车辆收费数据进行预处理，提取出一段时间内路网的收费数据。数据预处理是动态配流系统的基础。

2）OD实时估计和预测以及路网交通流在线估计

OD实时估计是指通过收费数据使用OD反推方法对路段和路网的OD矩阵进行实时估计，对仍在行驶或短时间内进入路网车辆实时定位，预测其可能的出口站点与分配比例。

OD预测是指对根据历史时间和当前时间的OD信息对未来一段时间内的路段和路网的OD进行预测。

路网交通流估计是指通过收费数据来推算路段的流量；收费数据能够反映收费站出入口流量，但是无法直接反映路段的流量，通过实时反演可以估计当前的交通状态。

3）突发性事件对路网运行效率影响模型

突发性事件对路网运行效率影响评估是根据高速公路网运行效率评价指标对突发性事件下路网运行效率进行估计。

4）路网拓扑动态重构以及交通分流关键点动态识别

路网拓扑动态重构指事故发生后，计算所有节点对间的加权最短路径，路径权值以最小路段通行能力为准测算。

交通分流点关键点动态识别指对路网中影响交通流分配、对局部或全局路网有较大影响的瓶颈节点。随着时间推移，在交通流实时反演模型和OD动态提取模型的影响下，分流关键节点会动态变化。

5）突发性事件条件下路网交通流动态分配模型

突发性事件条件下，路网交通流动态分配模型是指运用最大流理论的路网入口站点限流模型、最小费用流理论的网内流量分配模型对路网交通量进行动态分配。

6）突发性事件条件下交通流组织

突发性事件条件下交通流组织指对路网交通流进行动态分配后，需要对有交通量变化的路段交通量进行重新组织，以满足交通配流的要求。

7）高速公路网运行效率评估

突发性事件条件下高速公路网运行效率评估指进行动态流量分配后，需要评估当前流量分配前后高速公路网的运行效率，以此评价动态配流的有效性。这里选取路段饱和度作为路段运行效率的评价指标。

3.2.3　计划性事件下的配流系统

计划性事件下的高速公路网动态配流系统流程如图3-2所示。

1）收费数据预处理

同样建立在收费数据的基础上，通过对收费通行数据进行收集和整理，并进行预处理，作为下一步OD估计和交通流预测的输入。

2）历史交通OD估计和历史交通流估计

历史交通OD估计指根据历史时间段内路段的收费数据，根据OD估计方法，对路段的历史 OD 进行估计。历史交通流估计指根据历史收费数据,使用历史交通流估计方法对路段的历史交通流进行估计。

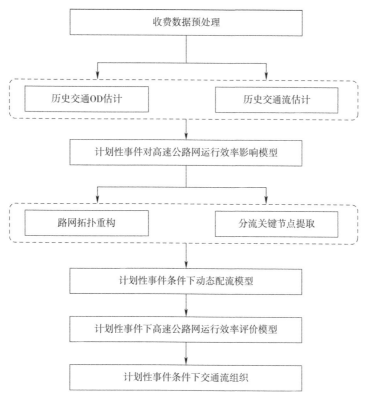

图 3-2　计划性事件条件下的高速公路网动态配流系统流程

3)计划性事件对高速公路网运行效率影响模型

计划性事件对高速公路网运行效率影响模型的建立是为了评估计划性事件对路网运行效率的影响,从而制定不同的应急方案。

4)路网拓扑重构和分流关键点提取

路网拓扑重构指计划性事件发生后,计算路网所有节点对间的加权最短路径,路径权值以最小路段通行能力为准测算;计划性事件条件下分流关键点提取指的是对计划性事件下路网交通瓶颈节点的识别。

5)计划性事件条件下动态配流模型

计划性事件条件下动态配流模型指的是根据路网拓扑结构重构及分流关键点的提取,按照网络流的方法进行动态配流。

6)计划性事件条件下高速公路网运行效率评估模型

计划性事件条件下高速公路网运行效率评估是对动态配流的运行效率模型进行评估,验证动态配流模型的有效性。

7)计划性事件条件下交通流组织技术

计划性事件条件下交通流组织技术是对计划性事件条件下的动态配流方案的实施。

3.3 动态配流系统关键模块

3.3.1 动态提取 OD 矩阵模块

在交通状态实时估计的情形下,路网中的在途车辆信息仅包含入口站点、时间等,并不包含出口站点位置、出口时间等重要信息,路网中的在途车辆路径和位置无法得知,因此需要利用数据挖掘方法,研究得到车辆在路网上的 OD 分配模式。

在某时间段内由同一入口站点进入路网的车辆,其对应的出口分配比例保持相对稳定,每一时段的分配比例情况都一定程度上反映了在未来时段内的分布情况。这一规律在整个高速公路路网的收费数据中得到了很好的验证。因此,路网中的在途车辆,其出口站点的分布可由之间时间段内由其入口进入路网而目前已离开路网的车辆的收费数据综合计算推测得到。

设定 VOD 为一个 OD 对在给定时段内的流量;VO 为一个 OD 对的 O 在给定时段内的流入量,其中有 $V_O = \sum_{i \in P} V_{OD_i}$;VD 为一个 OD 对的 D 在给定时段内的流出量,其中有 $V_D = \sum_{i \in P} V_{O_i D}$;COD 为在一定时段内,OD 的流量占 O 流量的比例,其中有 COD = VOD/ VO;根据收费数据对应的 OD 矩阵,得到上述四个量:VOD、VO、VD 和 COD。

图 3-3 是路网车辆 OD 分配模式提取方法的流程框图,分配模式提取的基本流程包括:

(1)构造 $T \cdot P$ 的矩阵 V,其中 P 为 OD 对个数,T 为时间间隔。V 的每一列 i 表示 OD 对 i 在时序上的流量变化;V 的每一行 j 表示在 j 时段内全路网 OD 流量变化。

(2)基于矩阵 V,构造一个 COD 序列,首先取得 COD 的分布区间 $[\min(COD), \max(COD)]$,之后将该区间 10 等分,然后统计处于不同区间的 COD 的个数,作为 a_i 值来进行计算。

(3)在所有 C_{OD} 模式中,获得最频繁的、最能代表某入口在某时段流量分配比例的模式,作为 C_{OD} 稳定模式;用熵对 C_{OD} 稳定模式(即在所有 C_{OD} 模式中,最频繁的最能代表某入口在某时段流量分配比例的模式)进行度量;根据熵的定义,收集 t 时段一个 O 相对于 D 的贡献率 C_{OD} 在 n 天的取值,信息熵的定义见式(3-1):

$$H(i) = \lg(s) - (1/s) \sum_i a_i \lg(a_i) \tag{3-1}$$

式中:$H(i)$——C_{OD} 稳定模式的信息熵;

a_i——某一 C_{OD} 值在这 n 天中出现的次数;

s——不同的 C_{OD} 值的个数。C_{OD} 的经验概率分布为 $P(i) = a_i/s$。

图 3-3 实时 OD 矩阵提取流程图

3.3.2 实时交通流估计模块

高速公路网 OD 分配的稳定性模式可用于推测在途车辆可能的出口位置分布。此外，通过对已驶离路网车辆的收费数据记录进行历史反演，能够得到在过去时间段内各原子路段上交通流的通行量与通行速度。在这一基础上，能够根据在途车辆的入口记录中的入口站点信息与入口时间信息，推测实时情况下车辆在路网中位置的时空分布，而将经由各站点进入路网的在途车辆分布进行综合，便可得到整个高速公路网整体的车流分布特征，这一过程即实时交通流估计。实时交通流估计需要以历史交通流估计为基础。

图 3-4 是高速公路路段实时交通流估计方法流程，实时交通流估计过程的步骤如下：

(1) 使用历史交通流估计方法对当前时段 $[T_{\text{begin}}, T_{\text{end}}]$ 之前的 n 个时间段 $([T_0, T_1], [T_1, T_2], \cdots, [T_{n-1}, T_n])$（通常以 15min 为时间单位）进行历史交通流估计，得到路网中任意原子路段在 n 个连续时段内的车辆通行速度 $\{V_{\text{sec},0}, V_{\text{sec},1}, \cdots, V_{\text{sec},n-1}\}$。

(2) 运用高速公路网入口交通流分配模式提取方法对该 n 个连续时间段内路网车辆的 OD 分配比例进行统计，得到任意站点 S_i 到任意其他站点 S_j 的车辆分配比例 $C_{i,j}$。

(3) 统计当前时段 $[T_{\text{begin}}, T_{\text{end}}]$ 以及前 n 个时段内任意站点 S_i 入口车辆数目 $\{\text{IN}_{i0}, \text{IN}_{i1}, \cdots, \text{IN}_{in}\}$。

(4) 对任意站点 S_i，得到其分配比例序列，记为 $\{S_{i1}, S_{i2}, \cdots, S_{im}\}$，根据该比例分配入口车辆数目序列 $\{\text{IN}_{i1}, \text{IN}_{i2}, \cdots, \text{IN}_{in}\}$ 至 OD 间最短路径上。

(5) 对所有上述 OD 对 S_i 和 S_j，取其最短路径 $\{\text{Section}_{i,j,1}, \text{Section}_{i,j,2}, \cdots, \text{Section}_{i,j,l}\}$，根据路径各时段速度 $\{V_{\text{sec}_{i,j,e},0}, V_{\text{sec}_{i,j,e},1}, \cdots, V_{\text{sec}_{i,j,e},n}| e \in 1,2,\cdots,l\}$ 与

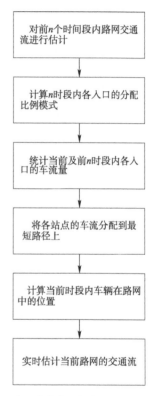

图 3-4 高速公路路段实时交通流估计流程

在提取 OD 模式中得到的每个入口进入的车辆前往各个出口的比例分配概率 $P_{i,j}$（即在提取 OD 模式中得到的每个入口进入的车辆前往各个出口的比例），计算当前时段 $[T_{\text{begin}}, T_{\text{end}}]$ 内 $\{\text{IN}_{i1}, \text{IN}_{i2}, \cdots, \text{IN}_{in}\}$ 分配到该路径上的对应位置。

(6) 对各路段 Sec_i，计算各站点在时间区间 $[T_{\text{begin}}, T_{\text{end}}]$ 内能够到达该路段的车辆总数 $\text{Vel}_{\text{Sec}_i}$，实现对各个路段实时的交通流估计值，包括速度和流量。

3.3.3 路段组成成分模块

在交通流实时估计的基础上，记录路段组成成分。计算车辆对应路径上的位置后，记录该车辆的起点和终点，统计所有的起终点后计算组成成分。在本研究提出的模型中，路段组成成分帮助更新实时 OD 矩阵，以保证分流结果的准确。具体方法如下：

(1)对所有 OD 对 S_i 和 S_j,计算当前时段[T_{begin}, T_{end}]内车辆在路径中的位置,并记录其起点和终点。

(2)遍历所有路段,统计当前时段位于当前路段内的所有车辆的起点和终点,并计算其比例得到路段组成成分。

3.3.4 事件影响范围模块

本书研究提出的动态配流方法,主要针对事件发生以后,用于缓解事件对整个高速公路网带来的影响,因此在准备好输入数据后,还需要分析事件的影响范围,通过该分析确定进行交通流分配的路网,即分流的起点和终点。对于同时影响双方向的事件,则需要对上行和下行两个方向分别构造两张路网。针对事件类型,影响范围模型主要有两种:第一种针对持续时间较长、影响范围较大的事件。第二种只用于持续时间较短且仅影响单一路段的高速公路重特大交通事故。第一种方法的具体思路是,根据高速公路路段组成成分稳定性的研究可以看出,高速公路路段组成成分具有每日稳定性,可以通过分析单日的组成成分得到最依赖该路段的入口收费站和出口收费站,根据这些收费站即可构建配流网络。第一种方法的步骤如下:

(1)遍历所有事故路段,对每一条路段进行日平均路段组成成分分析,得到对各路段日均流量贡献前 n 位的入口收费站集合{$\text{Station}_{in,1}$, $\text{Station}_{in,2}$, $\cdots$, $\text{Station}_{in,n}$},要求前 n 位的日均流量贡献之和大于日均路段流量的 90%。

(2)遍历第 1 步得到的入口收费站集合,针对每个入口收费站,统计经过该路段到达的出口收费站集合{$\text{Station}_{out,1}$, $\text{Station}_{out,2}$, $\cdots$, $\text{Station}_{out,m}$}。

(3)根据统计得到的入口收费站集合、出口收费站集合以及它们之间的路段和交叉口,重新构建路网。

第二种方法的步骤如下:

(1)确定事件发生的位置 S_{Accident},并将路网中的站点以事件发生点为标准划分上游站点集合 S_{Down} 与下游站点集合 S_{Up}。

(2)对事件上游站点集合中的任意站点 S_i,计算其在事件持续时间段内到达事件位置 S_{Accident} 所需要的旅行时间 T_{ia},若 T_{ia} 处于事件持续时间[T_{begin}, T_{end}]区间中,则认为该站点将受到事件影响。将满足上述条件的事件上游站点集合称为受影响的上游站点 $S_{\text{UpInluence}}$。

(3)统计 $S_{\text{UpInluence}}$ 中各站点在时间区间[T_{begin}, T_{end}]内能够到达 S_{Accident} 处的车辆数 V_i,并统计这些站点在历史上的[T_{begin}, T_{end}]时间段内进口车流对 S_{Down} 中的下游各出口的行车分配比例 $P_{ij} = \dfrac{F_{ij}}{F_i}$,其中 $S_j \in S_{\text{Down}}$, $S_i \in S_{\text{UpInluence}}$。根据此分配比例可以得到由上游站点和下游站点组成的分流路网,即事件影响范围。

(4)统计路网各路径内的站点 S_{in}、互通 S_{cross} 以及所有的受影响上游站点 $S_{\text{UpInluence}}$,它们组成的集合即分流关键节点。

事件影响范围模型可以确定交通流分配的关键起终点,避免了直接对全路网,尤其在大范围事件的情况下,直接对全国路网执行交通流动态分配算法这种低效的行为。确定了事件的影响范围之后,就可以在该网络内执行交通流动态分配算法了。

3.4 不同事件下配流系统功能分析

事件条件下配流系统组成包括收费数据收集与整理、OD 估计、事件对路网运行效率的影响、路网分流点提取与路网拓扑结构重构、事件条件下的交通流动态分配以及交通流组织。其中,收费数据的预处理是基础,输入为高速公路网的各路段的收费数据,输出为预处理后的收费数据,便于 OD 估计和预测;OD 估计是根据路网中各个路段的收费数据对历史 OD 进行估计以及在线 OD 估计,输入为预处理后的收费数据,输出为路网汇总各路段的历史 OD 估计以及未来一段时段内的 OD 预测数据;事件对路网运行效率的影响评估是评估事件的影响范围,用于估计事件造成的路段拥堵等。路网分流点提取和路网拓扑结构重构是动态配流的基础,需要通过 OD 估计和事件对路网的影响找到路网中交通瓶颈节点。事件条件下动态配流是根据路网中瓶颈节点以及路网交通量,根据网络流等方法进行交通流重新分配。交通流组织是对动态配流的具体实施。

不同事件条件下路网的交通流变化不同,对路网交通运行影响也不同,故相应的高速路网动态配流系统组成不同。这里以突发性事件和计划性事件条件下的配流系统为例,分析不同事件下配流系统的相同与差异。

突发性事件的不可预测性、突发性决定了突发性事件的影响无法实现评估,无法根据事件类型提前进行部署。故需要对路段和路网 OD 进行实时估计,并预测交通流组织的变化。对突发性事件下交通流进行重新配流后,需要实施动态配流方案,之后对动态配流前后的路网运行效率进行评估,用于检验此次动态配流的效果。

计划性事件条件是可以提前预知发生时间和地点的交通事件,故可以首先根据历史 OD 估计和历史交通流估计等方法估计事件的影响范围,之后再按照计划性事件下动态配流方法进行估计。不同于突发性事件下动态配流系统,计划性事件需要首先对配流的路网运行效率进行评估,然后再进行交通流组织。

3.5 本章小结

本章主要介绍事件条件下高速公路网动态配流的相关内容,包括高速公路交通事件的分类,将之分类突发性事件和计划性事件;随后引入动态配流系统概念,并根据交通事件类型分为突发性事件下动态配流系统和计划性事件下动态配流系统;之后介绍了基于网络流动态配流模型搭建的高速公路网大范围路网协同运行控制原型系统设计与实现,从数据的预处理开始,详细介绍了系统的运作原理及模块组成,并通过截图的方式展示原型系统及其使用方法;最后对突发性事件和计划性事件条件下的动态配流系统的差异进行了分析。

第4章 高速公路交通事件分类与特征分析

本章首先给出了高速公路交通事件数据类型及分类,并从事件的发生事件、车型、空间、持续时间、天气等角度对交通事件的特征进行分析,最后进行了小结。

4.1 高速公路交通事件数据

选取安徽省路网2012—2014年连续三年有监控路段上发生的事件及其详细信息。其中,选取G40合宁高速公路、G5011芜合高速公路、G3京台高速公路、G30连霍高速公路、S12滁新高速公路、G35济广高速公路、G25长深高速公路、G50沪渝高速公路等高速公路路段及其在安徽境内的部分路段作为监控区域,通过记录交通事件的发生时间、结束时间、发生路段、事件类型、事件具体描述等信息,形成了原始的交通事件数据。表4-1为安徽省路网交通事件原始数据。

安徽省路网交通事件数据　　　　　　表4-1

填报时间	所处路段	位置	解除时间	路况类型	路况描述
2012-01-03 07:45	G40合宁高速公路(全椒段)	合肥方向 505km	2012-01-03 07:46	追尾	全椒分中心:05:29,合宁高速公路南京方向505km处,一辆小客车与一辆大型货车追尾,该路段位于滁州市全椒县境内,距离吴庄服务区11km,该路段已堵死,有3人受伤,1人死亡。07:46,事故撤除
2012-01-05 03:10	G40合宁高速公路(全椒段)	南京方向 K520+800	2012-01-05 03:11	追尾	全椒分中心:01:55,南京方向K520+800m处,有两辆货车追尾,不占道,无人员受伤,事故在全椒县境内,距离吴庄服务区4km,02:55事故已撤除
2012-01-05 06:04	G40合宁高速公路(全椒段)	南京方向 K532+900	2012-01-05 08:40	撞护栏	全椒分中心:05:21,南京方向K532+900m,一辆半挂车撞路肩护栏,不占道,无人员受伤,事故在全椒县境内,距离吴庄服务区16km,事故正在处理中

原始交通事件数据包含了事件发生时间、结束时间、发生路段、发生位置、事件类型以及事件描述等文本信息。由于原始数据信息来源于人为填报,故存在一些信息重复、不合法、信息歧义的记录,需要对其进行预处理,以便得到较好处理的事件数据。常用的预处理的方法如下:

(1) 对于事件开始时间晚于结束时间的记录,删除记录,例如:(起始)2012-07-26 19:50:00,(终止)1900-01-01 22:30:00。

(2) 对于事件开始时间远早于结束时间的记录,删除记录,例如:(起始)2013-03-14 21:39:22,(终止)2313-03-15 23:50:00。

(3) 对于事件类型和所处路段名称重复、名称歧义的记录,规范类型和路段名称,例如"撞护栏"与"撞中央护栏","G40合宁高速公路(全椒段)"与"合宁高速公路全椒段"。

(4) 交通事件的记录和填报时间不一致,例如:某次交通事件的填报时间为"2012-01-03 07:45:35",而实际上其实际发生时间为"2012-01-03 05:29",故需要从交通事件的具体描述信息中提取出交通事件发生的精确时间及结束的准确时间。

交通事件类型与其对应编号见表4-2。

交通事件类型与其对应编号 表4-2

事件类型	对应编号
刮蹭	1
追尾	2
倾翻	3
自燃	4
撞护栏	5
隧道事故	6
施工	7
养护	8
维修	9
停电	10
封道	11
恶劣天气	12
事故	13
撞其他	14
其他	15

表4-3为经过预处理后安徽省路网交通事件数据实例。

预处理后的交通事件数据　　　　　　　表 4-3

开始时间	结束时间	报告时间	解决时间	路段	位置	事故类型	事故数目
2012-01-04 16:27:59	2012-01-04 17:39:59	2012-01-04 17:27:09	2012-01-04 17:42:10	合宁（全椒段）	南京方向 101km	撞护栏	5
2012-01-05 01:20:00	2012-01-05 02:57:00	2012-01-05 01:45:26	2012-01-05 02:57:44	合宁路	合肥方向 131km	撞护栏	5
2012-01-06 04:34:59	2012-01-06 05:57:59	2012-01-06 04:46:08	2012-01-06 05:59:32	合宁路	合肥方向 130km	追尾	2
2012-01-09 22:00:00	2012-01-09 22:20:00	2012-01-09 22:07:16	2012-01-09 22:20:40	合宁路	合肥方向 133km	碰撞	13
2012-01-11 15:18:00	2012-01-11 16:00:59	2012-01-11 15:51:23	2012-01-11 16:02:18	合宁高速公路	合肥方向 102km	撞护栏	5
2012-01-12 03:15:00	2012-01-12 05:37:59	2012-01-12 04:29:32	2012-01-12 05:39:09	合宁高速公路（全椒段）	合肥方向 83km	追尾	2
2012-01-14 15:02:00	2012-01-14 15:45:00	2012-01-14 15:22:09	2012-01-14 15:46:49	合宁高速公路（全椒段）	合肥方向 104km	撞护栏	5

4.2　高速公路交通事件分类

高速公路交通事件大致可分为两类：广义的交通事件，泛指在高速公路及邻近区域发生的，影响高速公路交通流正常运行的，计划性或偶发性的事件；狭义的交通事件，则是指在不可预测情况下发生的，导致高速公路通行能力下降或者交通需求不正常升高的非周期性事件。狭义的交通事件排除了所有按计划实施的、可以提前预知的事件，强调事件发生的不确定性和突然性。

通过对安徽省路网的交通事件数据进行分析，可以发现计划性交通事件包括道路施工、道路养护、模拟演练、恶劣天气下封道等；突发性的交通事件有追尾、撞护栏、刮蹭、自燃、隧道事故等。

图 4-1 和图 4-2 反映的是不同类型交通事件的分布。以上两图反映出，在交通事件中，撞护栏、追尾和事故是最为常见三种事件类型，而停电、自燃、恶劣天气等的交通事件占比较小，不同类型的交通事件形成原因性质不同，在分析交通事件的特征时，需要挖掘其共有特征，并对其进行分析。

1）计划性事件与突发性事件占比

图 4-3 所示为交通事件中计划性事件与突发性事件所占的比例。可以看到，突发性事件在交通事件中的占比为 85%，计划性事件占比为 15%，即交通事件中大部分为突发性事件。

图 4-4 所示为计划性交通事件中四个子类事件的占比情况。可以看到，施工、封道占比超过 95%，而养护和维修占比仅为 2%，推测原因为由于原始数据中将维修、养护相关的记

第4章 高速公路交通事件分类与特征分析

录等记录为施工、封道,使得前者占比远大于后者。这也反映出计划性事件中道路施工、封道事件占据绝大部分。对计划性事件的特征提取和分析主要针对施工和封道事件,重点挖掘其对路段流量的影响。

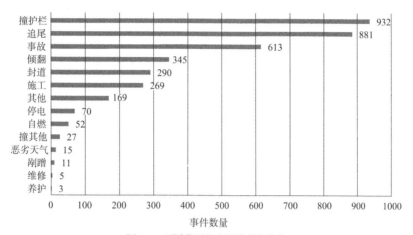

图 4-1 不同类型的交通事件的分布

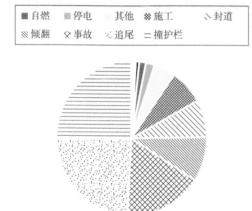

图 4-2 不同类型交通事件的分布(饼图)
注:养护、维修、剐蹭、恶劣天气、撞其他由于比例较小,图中忽略不计。

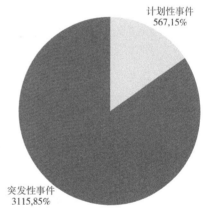

图 4-3 不同类型的交通事件的分布

2)突发性事件分布

图 4-5 和图 4-6 表示不同类型的突发性交通性事件的分布。可以看到,撞护栏、追尾以及事故占突发性事件的绝大部分,可见,高速公路中追尾、撞护栏以及事故是较为常见的事件类型。

突发性交通事件相较计划性交通事件而言,其不可控的因素大大增加,造成严重的后果,轻则有财产损伤,重则有人员伤亡,且其在交通事件中占比远超过计划性事件,故对交通事件进行特征分析时,应重点分析突发性交通事件。

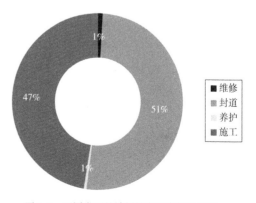

图 4-4 不同类型的计划性交通事件的分布

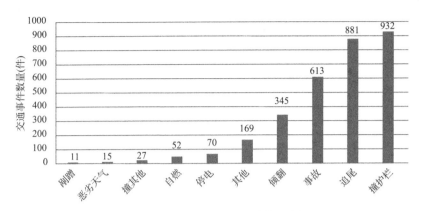

图 4-5　不同类型的突发性交通事件的分布

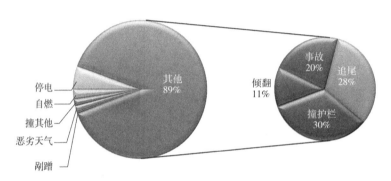

图 4-6　不同类型的突发性交通事件占比分布

4.3　高速公路交通事件特征分析

4.3.1　交通事件的发生时间分布

交通事件的发生时间通过对事件描述信息中包含事件的实际发生时间的提取得到。针对小时和月份的统计粒度,分别提取出事件发生时所属时间段和所属月份信息。

图 4-7 表示交通事件发生时间在不同时刻的分布,由图中可以看出,夜晚交通事件的总体数量下降,而白天则呈增加趋势,且在 9:00—11:00 和 16:00—17:00 出现峰值,呈现出"双峰结构"。与图 4-8 中路网交通量在一天各个时段的分布进行对比可以发现,一天中交通事件发生时间的变化趋势与路网交通量的变化趋势基本相同,可以认为交通事件发生与路网交通量有正相关的关系。

图 4-9 表示一年中不同月份交通事件的发生时间的分布,从图中可以看出,不同月份交通事件发生次数相差较大,个别月份交通事件数目剧增;与图 4-10 对比分析,可以看出不同年份的同一月份其交通事件也差异较大,在年初和年末变化较大,而年中则变化较小。交通事件的发生时间在月份上没有明显的规律。

第 4 章　高速公路交通事件分类与特征分析

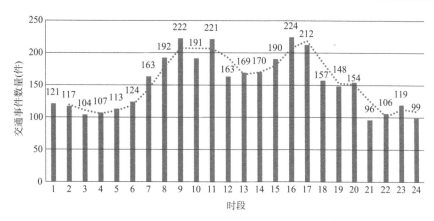

图 4-7　交通事件发生时间在一天各个时段的分布

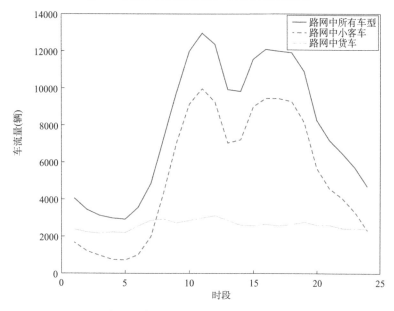

图 4-8　路网交通量在一天各个时段的分布

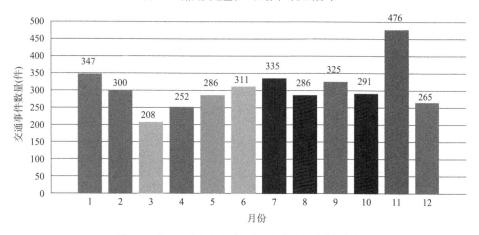

图 4-9　交通事件的发生时间在一年中不同月份的分布

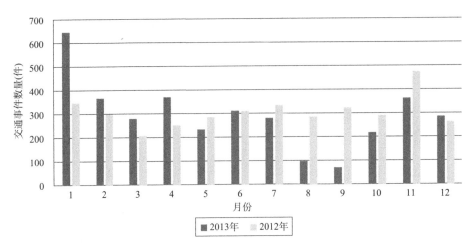

图 4-10 交通事件的发生时间在不同月份的分布

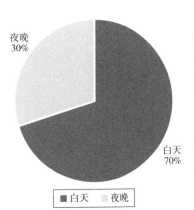

图 4-11 交通事件的发生时间在
不同月份的分布

图 4-11 表示白天(8:00—20:00)和夜晚(20:00—次日 8:00)交通事件的比例。高速公路白天的交通量远大于夜晚时段,故可以说明交通时间的发生与交通量和时段有密切的关系。

试验结果表明,交通事件的发生时间在小时粒度下呈现出明显的规律性,且与路网流量的变化趋势相同,即交通事件的发生与路网的流量呈现正相关的关系。在月份粒度下交通事件发生次数较大,规律并不显著。

4.3.2 交通事件的车型分布

事件数据中的事件的描述信息中包含事件中涉及的车型,包括小客车、大型客车、油罐车、挂车等不同种类的车型,同时由于事件信息描述不完整和存在信息歧义等问题,使得无法对车型进行进一步的细分。针对事件中涉及的多种车型,例如突发性交通事故中可能涉及多种车型,如追尾包括小客车之间追尾、小客车和货车追尾、小客车和大型客车追尾等。故对事件中涉及车型和车型编号作如下处理,见表 4-4。

事件中涉及车型与车型的编号　　　　　　　　表 4-4

车型	编号
小客车	1
货车	2
大型客车	3
小客车和大型客车	4
小客车和货车	5
货车和大型客车	6

图 4-12 表示交通事件中,包含涉事车辆信息的事件中不同车型的分布。从中可以看出小汽车仍然占了交通事件的相当大比例,而这与路网中小客车占据主体是相符的,同时也说明小客车更容易发生交通事故。

图 4-13 表示交通事件中大型客车发生倾翻的比例。

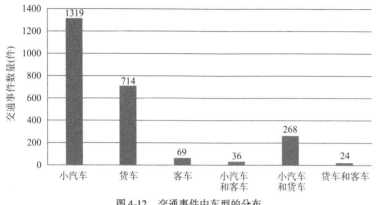

图 4-12　交通事件中车型的分布　　　　图 4-13　交通事件发生倾翻事故中大型客车比例

4.3.3　交通事件的空间分布

交通事件的空间分布主要通过对不同路段事件发生次数以及事件发生位置进行分类,在此基础上进行统计分析。

图 4-14 表示不同路段上交通事件的分布,从图中可以看出,合安高速公路路段上交通事件发生次数远多于其他路段。图 4-15 表示合安高速公路不同路段上的交通事件的分布,反映出合肥段、桐城段的交通事件占比更大,两路段的事件占整条高速公路交通事件的 40%。

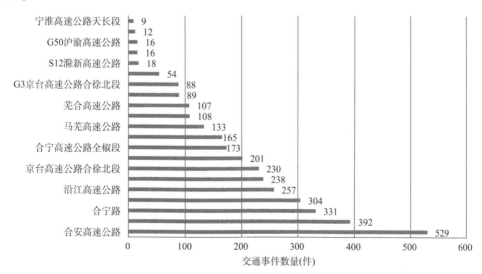

图 4-14　不同路段交通事件的分布

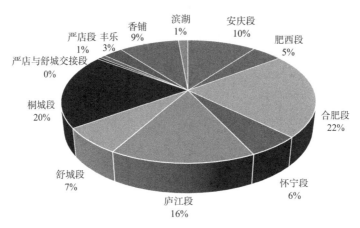

图 4-15 合安高速公路不同路段交通事件分布

不同地理位置,事故发生频率不同,边界、郊区频率高,市内频率低;不同地理位置,事故持续时间亦有差别,边界、郊区时间长,市内时间短;交通事件高发地区,人力投入多,事故持续时间短;反之,交通事件低发地区,投入少,时间长;相近的路段,事故持续时间相似。

4.3.4 交通事件的持续时间分布

事件的持续时间通过计算事件发生时间和时间结束时间之间的差值确定,并按照不同的粒度转换为分钟、小时,便于对不同粒度下交通事件持续时间的统计分析。

图 4-16 表示示范路网交通事件的持续时间的分布,将事件的持续时间按照 15min、30min、1h、3h、6h、12h 的时间粒度划分为 0~15min、15~30min、30min~1h、1~1.5h、1.5~2h、2~3h、3~6h、6~12h、12~24h、≥24h。结果表明,持续时间在 15~90min 的事件占总体事件的比例超过 50%,小于 6h 的事故约占总样本量的 93%;持续时间超过 24h 的事件占比不超过 1%,说明交通事件中重大交通事件只占极少数。

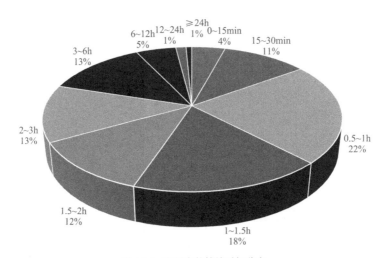

图 4-16 交通事件持续时间分布

图 4-17 是以 1h 为粒度,交通事件持续时间在 3~8h 时间段的分布。

第 4 章　高速公路交通事件分类与特征分析

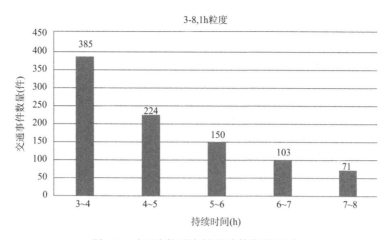

图 4-17　交通事件不同时间粒度持续时间分布

4.3.5　交通事件与天气的关系

图 4-18 表示不同类型的天气状况条件下交通事件的分布情况。原始数据中天气的类型较多,将天气类型分为晴、阴、多云、雨、雪、小雨等。饼图反映出总体的天气条件中晴天占比较大,不良天气如雨、雪天等比例较小。故需对不良天气下的交通事件进行进一步分析。

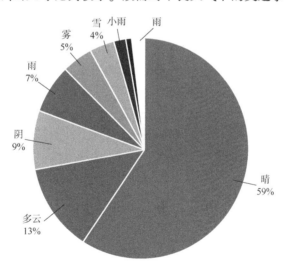

图 4-18　交通事件中不同类型天气分布

图 4-19 表示不同类型天气条件下(晴、多云、雨、雪)不同类型的交通事件的持续时间均值的分布。对于同一类型的交通事件来说,不同天气条件下交通事件的平均持续时间并不都相同;对于剐蹭、倾翻等事件类型,不同的气象条件下的事件持续时间变化不大;对于危化品运输事故,在多云条件下事故持续时间明显增加,而雨雪条件下持续时间缩短,推测雨雪更有利于危化品的稀释,避免造成较大的影响;对于大型客车事故来说,降雨情况下的事故持续时间明显增加,长于其他天气下的持续时间,可能的原因是大型客车在下雨情况下制动能力变差,更容易酿成重大安全事故,导致事故持续时间大幅延长。

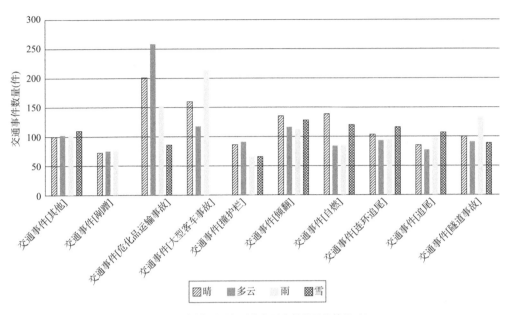

图 4-19 不同类型天气下的交通事件的平均持续时间

4.4 本章小结

交通事件的分类与特征分析是研究事件条件下动态交通流的组织和配流的基础。通过对安徽省路网实施全程监控,估算视频点位进行交通事件的检测和监测,共计得到三年的交通事件数据。在对原始的数据进行预处理后,从中提取出交通事件发生时间、结束时间、事件涉及车型信息以及事故类型。

对交通事件的特征分析从以下五个方面进行:交通事件的发生时间;交通事件中车型的分布;交通事件空间分布;交通事件的持续时间分布;交通事件与天气的关系。

通过对路网交通事件分类和特征分析,为事件条件下动态交通流的分配奠定了理论基础。

第5章 高速公路OD特征分析

本章首先给出了高速公路网OD定义及OD数据来源,并从OD稳定性、OD对称性、OD跳数分布三个方面对OD进行了特征分析,使用收费数据对OD特征分析进行了实证检验,最后进行了小结。

5.1 高速公路OD矩阵

交通OD矩阵是交通工程中一项非常重要和常用的交通参数,它反映的是交通流在各节点/区域之间的相互流动关系,无论是在交通规划还是交通控制方面都有极为广泛的应用。为了减小高速公路上交通事故的发生率,提高交通运行效率,充分有效地利用各类交通信息,以保证车辆在高速公路上能够准时、快速、安全、有序地运行,目前各地的高速公路都在建设诸如出入口匝道控制、交通信息服务、紧急事件快速反应以及动态交通组织与调度指挥等智能交通管理系统,各出入口之间的动态OD矩阵是这些系统最基本的输入数据。

5.2 高速公路OD数据

选取安徽省高速公路路网收费数据作为研究对象,表5-1记录了从2009年1月到2013年12月进出高速公路时收费站收费系统记录的信息。

安徽省高速公路收费数据示例　　　　表5-1

入口收费站编号	入口车道编号	入口收费员编号	入口车辆类型	驶入时间	入口车辆车牌号	出口收费站编号	出口车道编号
10901	5	88888	1	2012-06-30 21:32	皖WP	11205	69
11003	2	10306	3	2012-07-01 7:21	黄皖J×××	11001	46
11003	1	10306	1	2012-07-01 7:22	蓝皖J×××	11001	46
11205	8	88888	1	2012-07-01 5:48	黄皖B×××	10401	33
11003	1	10306	1	2012-07-01 7:25	蓝皖A×××	11001	47
11003	1	10306	1	2012-07-01 7:23	蓝皖J×××	11001	46
10901	4	10120	4	2012-07-01 6:36	黄皖G×××	11001	47
11003	1	10306	3	2012-07-01 7:24	黄浙A×××	11001	46
11003	1	10306	1	2012-07-01 7:26	黄皖J×××	11001	47
11003	1	10306	3	2012-07-01 7:26	黄沪A×××	11001	46

5.3 高速公路 OD 特征分析方法

交通量的分布是多种多样的,不同地区数据分布可能不一样,同样,城市交通、乡村交通以及高速公路等,由于人们出行需求不同,交通量的分布也是不相同的。此外,由于季节天气的变化,节假日、交通事故、交通管制以及道路维护等因素也会影响到道路上交通量的变化,因此,交通量数据具有随机性。但是,同一地区,从时间上来看,每一年、每一天的流量数据都在周而复始地变化,大致呈现相同的趋势,又决定了交通量数据具有周期性的特点。

在针对交通量的研究中可以发现,人们的出行需求是导致交通量数据规律的最主要的因素。例如,在城市道路中,人们的出行主要为早高峰和晚高峰,即上班时间和下班时间,周末和工作日的流量分布也是不一样的。而高速公路上流量在工作日和周末变化就不大,基本都呈现双峰结构,7:00—12:00、15:00—20:00 为流量高峰。但是,无论什么情况,同一地点的流量数据是呈现时间周期性变化的。

文献[4]提到交通流可能具有的三种周期性变化:小时周期模式、日周期模式、月和年周期模式。其中,小时周期模式指交通量在白天和晚上有明显的特征区别;日周期模式指一周内每天交通量会有不同特征;月和年周期模式是指一年中不同季节之间交通量的特征差异。在安徽省路网 OD 数据中,对数据进行简单的统计分析可知,路网 OD 能够反映出用户的出行规律,如图 5-1 ~ 图 5-3 所示。

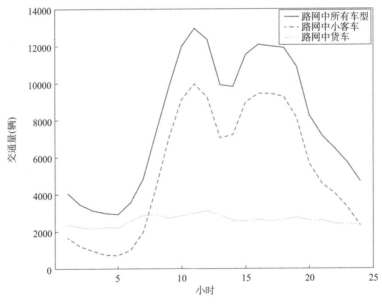

图 5-1 2012 年 8 月 1 日安徽省路网 OD 交通量随时间分布

由图 5-1 中可以看出,在一天内,不同的时间段路网 OD 分布有着明显的不同。在 5:00—11:00,路网 OD 交通量呈现上升趋势,并在 11:00 左右达到高峰,之后到 13:00 交通量下降;15:00—20:00 路网 OD 交通量呈上升趋势,以上可以反映出一定人们出行的模式。

由图 5-2 可知,一周内路网交通量逐渐上升,在周五达到最高后,又渐渐下降,从中可以看出工作日与周末路网 OD 有一定差别,但差异并不大;不同周之间路网 OD 变化趋势相似,说明路网 OD 有一定的周期性。

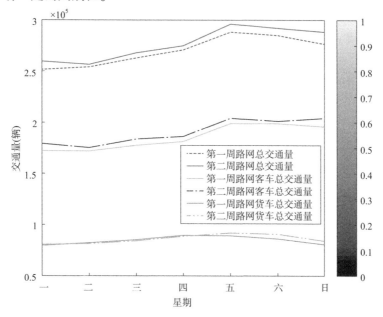

图 5-2　2012 年 8 月两周内安徽省路网 OD 流量随时间变化分布

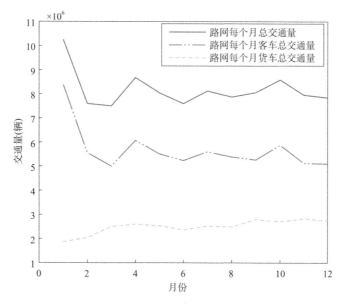

图 5-3　2012 年安徽省路网 OD 流量随月份变化

由图 5-3 可知,1 月路网总流量达到峰值,其后逐渐呈起伏状态,而 1 月大多为农历新年,故路网 OD 会大幅度增加,春节过后,路网 OD 恢复平常水平。从 OD 分布的变化可以看出,节日出行对路网的流量有较大的影响作用。

此外,图 5-1～图 5-3 反映出不同车型 OD 分布的变化,可以看到,小客车的 OD 变化几乎同步于路网的总流量变化,而货车的 OD 则随时间变化得不明显,即小客车在路网 OD 流量中占据较大比例,路网 OD 变化的基本为小客车 OD 的变化。

通过对路网 OD 随时间变化分布可以看出,路网 OD 在一天内的不同时段表现出一定的稳定性;对路网 OD 数据进行特征分析可以挖掘出交通出行规律、交通流特征以及交通流变化规律等;在路网 OD 数据上的分析和实验表明,OD 数据的特征包括稳定、对称、跳数。

下面分别从 OD 的稳定性、OD 的对称性、OD 的跳数分布对路网 OD 的数据特征进行分析。

5.3.1 OD 稳定性分析

OD 稳定性指路网 OD 绝对流量、OD 相对流量、不同车型的 OD 流量占比、OD 分配比例在不同时间粒度以及不同事件背景下随时间变化呈现出一定的规律性。

安徽省路网收费站点共有 142 个,路网原子路段有 350 多个,对每一个原子路段分析其 OD 稳定性显然是既耗时又不科学的方式。统计结果表明,路网中的路段的流量分布也基本遵循"2/8"准则,即少部分主要收费站点占据路网大部分的流量,而大部分站点的流量占比都很小,故对路网中路段分析 OD 的稳定性只需要对流量较大的路段进行分析即可。

采用主成分分析法,第一主成分 y_1 的贡献率最大,表明它解释原始变量 $x_1, x_2, \cdots, x_n$ 的能力越强,而其余主成分 $y_1, y_2, \cdots, y_n$ 的解释能力依次递减。故在对于路网 OD 稳定性的分析中,通过对路网 OD 中主成分站点或路段进行稳定性分析,可以得到路网 OD 稳定性的规律。

对 OD 稳定性的分析主要从以下几个方面开展。

1) 不同时间粒度下 OD 稳定性

在前面的数据预处理部分,将原始收费数据按照 15min、30min、1h、2h 的时间粒度进行统计,得到对应时间粒度下的 OD 流量,在不同的时间粒度下,路网的 OD 的稳定性表现在 OD 分配比例的稳定性上,即从某一入口(O)收费站进入高速公路的车流量从某一出口收费站(D)驶离高速公路的车流量的比例占所有出口收费站的比例基本不变或变化较小,如图 5-4 所示。

衡量 OD 分配比例的变化使用标准差,可以反映出 OD 分配比例随时间变化过程中的波动情况,标准差越小,说明 OD 分配比例越稳定。具体分析过程如下。

使用主成分分析法,选取一个月内平均出口流量最大的前 10 个收费站作为出口(D)记为 $D_i(i=1,2,\cdots,10)$,再对每一个目标收费站 D_i,计算其车流量来源收费站(O) $O_{ij}(i=1,2,\cdots,10; j=1,2,\cdots,N,N$ 为来源收费站数目)的流量占据总流量的比例 P_{ij},选择比例最大的来源收费站与目标收费站组成路段 $O_{ij}D_i$。对路段 $O_{ij}D_i$ 分析其在同一时间段上不同天的稳定性。

分别按照不同的时间粒度进行上述分析,观察 OD 分配比例的稳定性与时间粒度的关系。

2) 不同车型 OD 稳定性

不同车型对应的 OD 流量随时间变化的趋势也大不相同,由前面的初步统计分析结果可知,小客车的 OD 流量的变化和路网总体的流量变化同步,而货车的 OD 流量变化趋势较平稳。以路段为研究对象时,不同车型的 OD 的流量随时间如何变化、不同车型的 OD 占比的稳定性如何变化都需要对不同车型进行 OD 稳定性的分析。

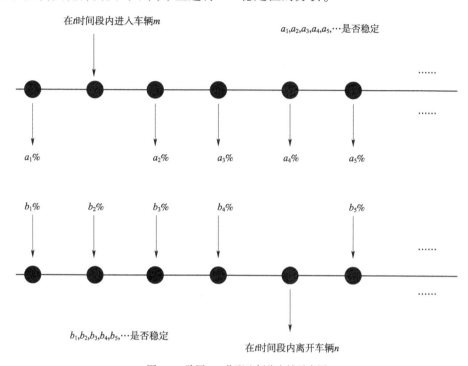

图 5-4　路网 OD 分配比例稳定性示意图

通常使用的评价 OD 稳定性的指标为标准差,标准差越小,说明稳定性越好;不同车型的 OD 稳定性从车型在 OD 流量中比例的变化来分析。

对不同车型 OD 比例进行分析,需要从不同的时间粒度分别计算其随时间变化的标准差,同时考虑节假日等特殊条件下车型 OD 占比的变化。具体而言,选取一个月内平均入口流量最大的前 10 个收费站作为入口收费站,以其贡献率或去向占比最高的收费站作为出口收费站,组成 10 对 OD;对每一对 OD,分析其在不同时间粒度上不同车型 OD 占比随时间的变化情况,计算其车型比例的标准差。

3)工作日和周末 OD 稳定性

一周内工作日和周末的 OD 流量变化反映了一周内不同的出行模式。分析工作日/周末期间 OD 的稳定性有助于对出行模式的挖掘。工作日和周末的 OD 稳定性从 OD 分布随时间的变化来分析。

5.3.2　OD 对称性分析

OD 对称性指相反方向的两个路段,其来源与去向的 OD 成分具有高度的相似性(图 5-5);分析路网 OD 的对称性可以挖掘出对侧路段与原路段 OD 组成成分的稳定性,这对于预测路网车辆的来源和去向有着重要作用。

OD 的对称性分析需要对 O/D 收费站的来源和去向车辆的组成进行分析,来源组成即进入路段的车辆来自哪些收费站点,去向组成即驶离路段的车辆去往哪些收费站点。故对称性分析的前提是对路段车辆的来源和去向进行分析,如图 5-6 所示。

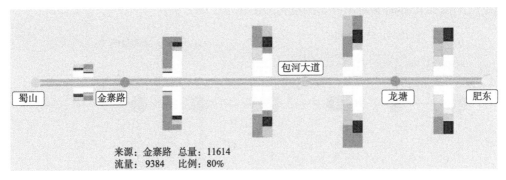

图 5-5　蜀山—肥东、肥东—蜀山两个路段上 OD 的组成成分的对称性

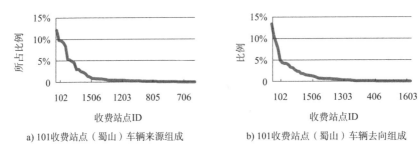

a) 101收费站点（蜀山）车辆来源组成　　b) 101收费站点（蜀山）车辆去向组成

图 5-6　蜀山收费站点车辆来源和去向组成

对 OD 对称性的分析分为以下两个方面。

1）不同时间粒度下的对称性分析

数据来源为安徽省路网 2010 年 4 月 1—30 日的收费数据,时间粒度分别为 1h、2h、3h、4h、6h、8h、12h;从路段的角度出发,以路网中所有收费站点的来源成分作为向量,计算路段向量的欧式距离与来源向量(或对称路段的去向向量)的欧式长度。

记路网中所有收费站点编号为 $s_1,s_2,s_3,\cdots,s_{142}$,则收费站点 $s_i(1\leqslant i\leqslant 142)$ 的来源站点向量可以表示为 $Origin_i = (s'_1,s'_2,s'_3,\cdots,s'_{i-1},s'_{i+1},\cdots,s'_{142})$,其中 $s'_j(1\leqslant j\leqslant 142,j\neq i)$ 表示来自 s_j 站点的车流量占总流量的比例;而路段 s_is_j 向量 $Scetion_{ij} = Origin_j-Origin_i$ 可以表示为路段 s_j 与路段 s_i 来源向量之差,则路段的欧式距离为 $\|Scetion_{ij}\|$。

使用路段欧氏距离与来源向量的比值来衡量路段 OD 相似性,比值越大,相似性越大;在不同的时间粒度上分别比较路段的比值,取路网中所有路段在同一时间段内比值的均值,观察均值随时间的变化。

2）不同时间序列上的对称性分析

数据来源为安徽省路网 2010 年 4 月 1—30 日的收费数据,时间序列大小分别为 0 ~ 12h、0 ~ 10天;试验路段为:包河大道—龙塘,对侧路段为:龙塘—包河大道;通过比较该路段的来源中主成分与对侧路段去向的主成分之间的相关性(用 Pearson 指数刻画)来表示路段与对侧路段的相似性。

这里使用皮尔逊相关系数(Pearson Coefficient)来衡量不同时间序列上的相关性。皮尔逊系数也称积差相关,是英国统计学家皮尔逊(Pearson)于20世纪提出的一种计算相关性的度量方法,是反映两个变量相关性的一种统计量。

由图5-6可知,路段来源站点中前20%的收费站点占据总来源流量的80%,故路段的对称性需要分析路段来源中主成分与对侧路段去向主成分之间的相关性,相关性越强,则说明两个路段对称性越高。

5.3.3 OD跳数分布

路网中跳数指车辆从某一入口收费站进入高速公路,沿着高速公路网从另一收费站驶离高速公路期间经过的收费站的数目。

首先定义两个概念:已走跳数和剩余跳数。已走跳数即指车辆在OD上经过的收费站的数目,剩余跳数即OD之间的总跳数减去已经走过的跳数。根据已走跳数可以找到影响该路段的额入口收费站,可以预测路段的保有量。利用剩余跳数可以找到该路段所影响的出口收费站,从而可以用于预测出口流量。因此,OD的跳数分布主要对剩余条数和已走跳数进行分析,为OD预测提供分析基础。

1)已走跳数分析

对已走跳数的分析方法和步骤与分析剩余跳数类似,分析对象同样为安徽省路网中路段"包河大道—龙塘"和"龙塘—肥东",使用的路网OD数据为2010年12月29—31日,以15min为粒度。

2)剩余跳数分析

分析对象选择安徽省路网中路段"包河大道—龙塘"和"龙塘—肥东"(图5-7),路网OD数据为2010年12月29—31日,以15min为粒度,分析路段的剩余跳数。

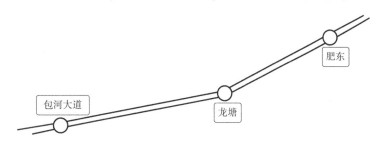

图5-7 包河大道—肥东路段示意图

对路段保有量进行分析,观察目标路段在所选时间窗口内的保有量是否会有稳定的变化。对所选路段统计其剩余跳数,并分析其绝对值和相对值(比例)随时间的分布,最后分析剩余跳数的周期性。

3)剩余跳数与已走跳数的关系

首先分析路网总跳数的分布,可以反映出路网跳数分布的规律;然后,选取"包河大道—龙塘"路段,分析其剩余跳数和已走跳数的关系,即当已走跳数为i时,剩余跳数为j,以$R(i,j)$表示,则可以得到关系矩阵$\boldsymbol{R}$。

5.4 高速公路 OD 特征实证分析

5.4.1 OD 稳定性分析

1) 不同时间粒度下 OD 稳定性

首先将一个月内平均出口流量最大的前 10 个收费站作为出口收费站,并从其来源收费站中选取流量占比最大的站点作为来源收费站,共计得到 10 对 OD,如表 5-2 所示。

前 10 位 OD 路段　　　　　　　　　　　表 5-2

编号	出口收费站	入口收费站
101	蜀山	六安北
102	金寨路	吴庄
103	包河大道	吴庄
105	肥东	吴庄
108	吴庄	全椒
206	雍镇	沈巷
601	皖苏	皖豫
1105	曹庄	界首
10105	广德	芜湖主线
10301	芜湖主线	广德

这里选取"六安北—蜀山"路段作为研究对象,分析其 OD 分配比例在不同时间粒度下随时间的变化规律。选取的时间段为 8:00—20:00,这是因为在这个时间段路网 OD 流量较大,OD 分配比例的稳定性容易分析,而在 20:00—次日 8:00 时段,路网 OD 流量很小,会对 OD 稳定性的分析造成较大的不确定性。下面分别从 15min、30min、1h、2h 的粒度使用标准差来分析 OD 分配比例稳定性。

图 5-8 描述的是以 15min 粒度分析六安北—蜀山路段 OD 分配比例在不同日期下同一时间段随时间的变化。曲线表示的是不同日期下每天 OD 分配比例在 15min 粒度下的分布,柱形图表示是在同一时间段内,路段 OD 分配比例在不同日期下的标准差。可以看到,OD 分配比例在 15min 的粒度下波动较大,波动范围为 0.08 ~ 0.35,但标准差小于 0.1。

图 5-9 描述的是以 30min 粒度分析六安北—蜀山路段 OD 分配比例在不同日期下同一时间段随时间的变化。曲线表示的是不同日期下每天 OD 分配比例在 15min 粒度下的分布,柱形图表示是在同一时间段内,路段 OD 分配比例在不同日期下的标准差。可以看到,OD 分配比例在 30min 的粒度下波动相较于 15min 时减小,波动范围也减小为 0.1 ~ 0.35,并且标准差小于 0.1。

第 5 章 高速公路 OD 特征分析

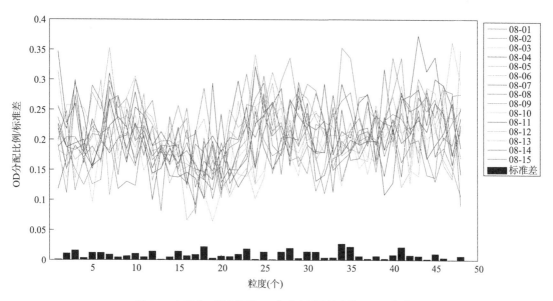

图 5-8 六安北—蜀山路段 OD 分配比例及标准差(15min 粒度)

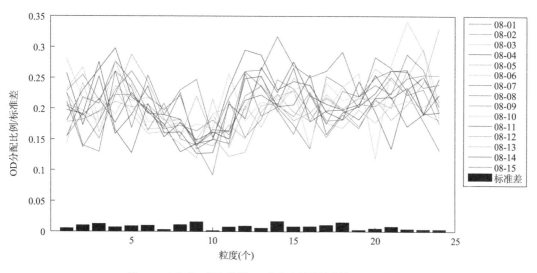

图 5-9 六安北—蜀山路段 OD 分配比例及标准差(30min 粒度)

图 5-10 描述的是以 1h 粒度分析六安北—蜀山路段 OD 分配比例在不同日期下同一时间段随时间的变化。曲线表示的是不同日期下每天 OD 分配比例在 1h 粒度下的分布,柱形图表示是在同一时间段内,路段 OD 分配比例在不同日期下的标准差。可以看到,OD 分配比例在 1 的粒度下波动相较于 30min 时进一步减小,波动范围为 0.15~0.3,并且标准差小于 0.05。

图 5-11 描述的是以 2h 粒度分析六安北—蜀山路段 OD 分配比例在不同日期下同一时间段随时间的变化。曲线表示的是不同日期下每天 OD 分配比例在 2h 粒度下的分布,柱形图表示是在同一时间段内,路段 OD 分配比例在不同日期下的标准差。可以看到,OD 分配比例在 2h 的粒度下波动相较于 1h 时进一步减小,波动范围为 0.15~0.25,并且标准差小于 0.05。

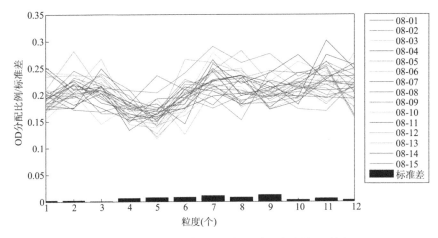

图 5-10　六安北—蜀山路段 OD 分配比例及标准差(1h 粒度)

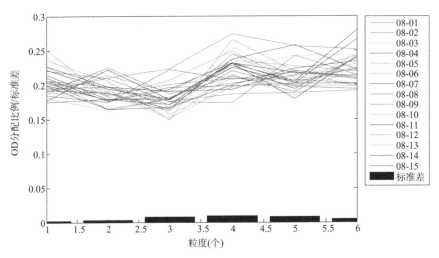

图 5-11　六安北—蜀山路段 OD 分配比例及标准差(2h 粒度)

总结以上分析结果,可以发现,同一对 OD 的分配比例在一天中不同时段的变化呈现一定的规律性,不同时间段的 OD 分配比例没有明显差别;随着时间粒度的增大,OD 分配比例的稳定性更加明显,标准差基本维持在 0.1 以内。

2) 不同车型 OD 稳定性

图 5-12 刻画的是安徽省路网在 2012 年 8 月 1—30 日共 30 天大型客车和货车 OD 流量所占比例随时间的变化;柱状图的高度表示大型客车和货车所占比例。从图中可以看出,以天为粒度分析不同车型稳定性时,在通常情况下,大型客车 OD 占比很稳定,标准差小于 0.1,货车也有同样的趋势。

3) 工作日和周末 OD 稳定性

下面通过对 2012 年 8 月和 9 月的路网 OD 数据分析工作日/周末 OD 流量的稳定性。

图 5-13 表示安徽省路网 2012 年 8 月一周内 OD 随时间的变化。从图中可以看出,一周中的工作日的 OD 流量会有起伏,而周六、周日的 OD 流量则较稳定。

第5章 高速公路 OD 特征分析

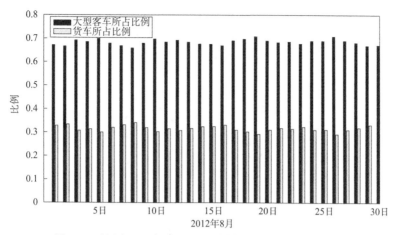

图 5-12　路网在 2012 年 8 月 30 天不同车型所占比例随时间变化

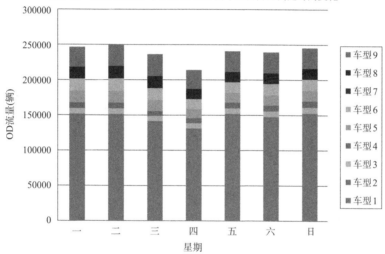

图 5-13　安徽省路网在 2012 年 8 月一周内 OD 随时间变化

图 5-14 表示安徽省路网 2012 年 8 月连续三周内 OD 随时间的变化。从图中可以看出，一周中的工作日的 OD 流量会有起伏，而周六、周日的 OD 流量则较稳定。

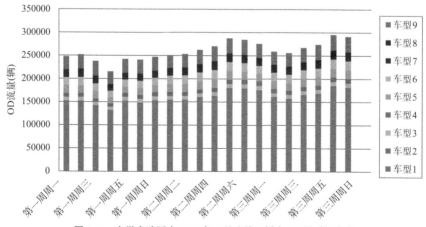

图 5-14　安徽省路网在 2012 年 8 月连续三周内 OD 随时间变化

图 5-15 表示安徽省路网 2012 年 9 月连续三周内 OD 随时间的变化。从图中可以看出,一周中的工作日的 OD 流量会有起伏,而周六、周日的 OD 流量也会出现起伏。

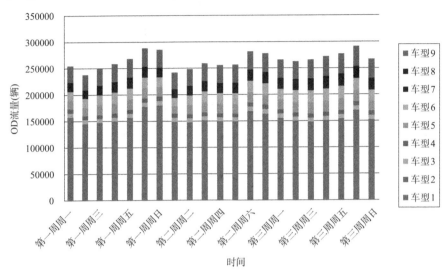

图 5-15　安徽省路网在 2012 年 9 月连续三周内 OD 随时间变化

总体来说,对于周末和工作日来说,OD 流量的差异并不是很大,故 OD 的流量稳定性也会较差。

4) 节假日免费通行 OD 稳定性

首先分析免费通行节假日与非免通节假日 OD 分配比例的变化❶。

图 5-16 表示 2011 年 10 月 1 日与 2012 年 10 月 1 日吴庄收费站的去向收费站比例变化,图中选择的是去向占比较大的几个收费站。叶集和长岭关流量占比明显大于历史同期,而全椒、宿松等则降低。

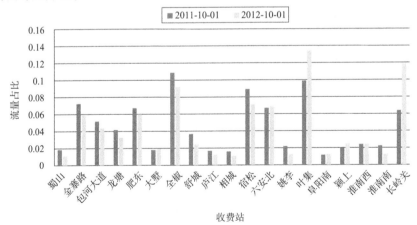

图 5-16　2011 年 10 月 1 日与 2012 年 10 月 1 日吴庄收费站的去向收费站的比例变化

---

❶ 我国从 2012 年 10 月 1 日开始实行 7 座及以下小客车节假日期间高速公路免收通行费政策。

图 5-17 表示 2011 年 10 月 2 日与 2012 年 10 月 2 日吴庄收费站的去向收费站比例变化,这里选择的是去向占比较大的几个收费站。长岭关流量占比大于历史同期,叶集流量占比降低显著。

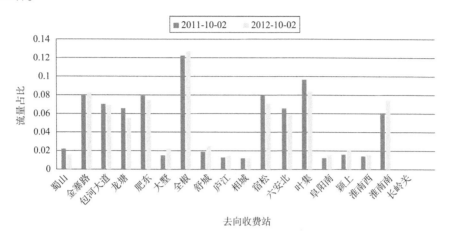

图 5-17　2011 年 10 月 2 日与 2012 年 10 月 2 日吴庄收费站的去向收费站的比例变化

图 5-18 表示 2011 年 10 月 3 日与 2012 年 10 月 3 日吴庄收费站的去向收费站比例变化,这里选择的是去向占比较大的几个收费站。长岭关流量占比大于历史同期,其余变化不大。

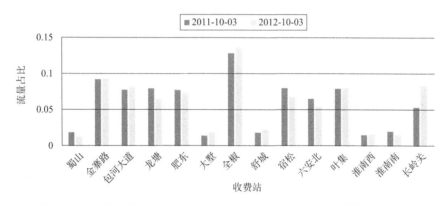

图 5-18　2011 年 10 月 3 日与 2012 年 10 月 3 日吴庄收费站的去向收费站的比例变化

总体来说,相比历史同期,10 月 1 日叶集、长岭关流量占比变化最大,10 月 2 日和 10 月 3 日流量占比下降,叶集流量占比低于历史同期,而长岭关大于历史同期;全椒、蜀山、金寨路等流量占比在 10 月 1 日低于历史同期,而在 10 月 2 日和 10 月 3 日逐渐上升,与历史同期相比变化不大。

图 5-19 表示 2011 年 10 月 1 日与 2012 年 10 月 1 日吴庄收费站的来源收费站比例变化,这里选择的是来向占比较大的几个收费站。金寨路、包河大道、龙塘、肥东、宿松流量占比下降,全椒、长岭关流量占比上升。

图 5-20 表示 2011 年 10 月 2 日与 2012 年 10 月 2 日吴庄收费站的来源收费站比例变化,这里选择的是来向占比较大的几个收费站。金寨路、包河大道、龙塘、肥东、宿松、叶集流

量占比下降,六安北、舒城、长岭关流量占比上升。

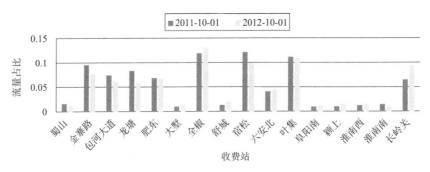

图 5-19　2011 年 10 月 1 日与 2012 年 10 月 1 日吴庄收费站的来源收费站的比例变化

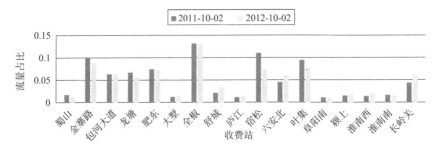

图 5-20　2011 年 10 月 2 日与 2012 年 10 月 2 日吴庄收费站的来源收费站的比例变化

图 5-21 表示 2011 年 10 月 3 日与 2012 年 10 月 3 日吴庄收费站的来源收费站比例变化,这里选择的是来向占比较大的几个收费站。金寨路、包河大道、龙塘、肥东、宿松、叶集流量占比下降,六安北、舒城、长岭关流量占比上升。

下面分析免费通行节假日与其前一周 OD 稳定性。

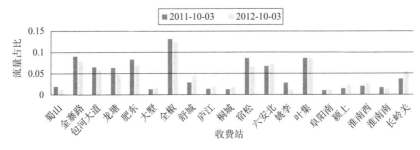

图 5-21　2011 年 10 月 3 日与 2012 年 10 月 3 日吴庄收费站的来源收费站的比例变化

图 5-22 表示 2012 年 9 月 24 日与 2012 年 10 月 1 日吴庄收费站的去向收费站比例变化,这里选择的是去向占比较大的几个收费站。叶集收费站占比增加,全椒、金寨路、包河大道等占比降低;说明离入口收费站较远的出口收费站流量比例增加,即"国庆"期间,长途出行比例增加。

图 5-23 表示 2012 年 9 月 25 日与 2012 年 10 月 2 日吴庄收费站的去向收费站比例变化,这里选择的是去向占比较大的几个收费站。长岭关、金寨路收费站流量占比减小,其余变化不大。在 2012 年"国庆"高峰出行后,不同去向收费站流量占比与之前相差不大。

第5章 高速公路 OD 特征分析

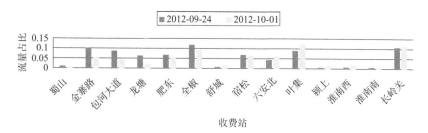

图 5-22 2012 年 9 月 24 日与 2012 年 10 月 1 日吴庄收费站的去向收费站的比例变化

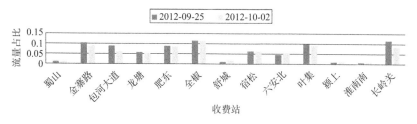

图 5-23 2012 年 9 月 25 日与 2012 年 10 月 2 日吴庄收费站的去向收费站的比例变化

图 5-24 表示 2012 年 9 月 26 日与 2012 年 10 月 3 日吴庄收费站的去向收费站比例变化，这里选择的是去向占比较大的几个收费站。长岭关、金寨路收费站流量占比减小，其余变化不大。

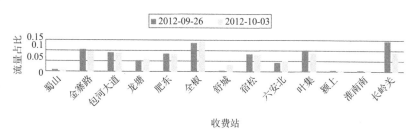

图 5-24 2012 年 9 月 26 日与 2012 年 10 月 3 日吴庄收费站的去向收费站的比例变化

图 5-25 表示 2012 年 9 月 24 日与 2012 年 10 月 1 日吴庄收费站的来源收费站比例变化，这里选择的是来源占比较大的几个收费站。全椒、金寨路等收费站占比下降，长岭关、叶集、宿松等占比增加。

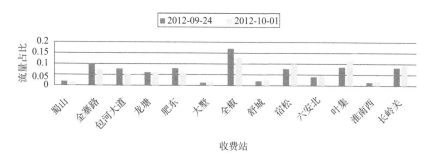

图 5-25 2012 年 9 月 24 日与 2012 年 10 月 1 日吴庄收费站的来源收费站的比例变化

图 5-26 表示 2012 年 9 月 25 日与 2012 年 10 月 2 日吴庄收费站的来源收费站比例变

化,这里选择的是来源占比较大的几个收费站。全椒、金寨路等收费站占比下降,长岭关、叶集、宿松等占比增加。

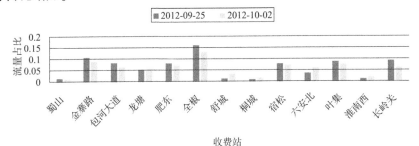

图 5-26　2012 年 9 月 25 日与 2012 年 10 月 2 日吴庄收费站的来源收费站的比例变化

图 5-27 表示 2012 年 9 月 26 日与 2012 年 10 月 3 日吴庄收费站的来源收费站比例变化。这里选择的是来源占比较大的几个收费站。金寨路、包河大道等收费站占比下降,舒城、六安北等占比增大。

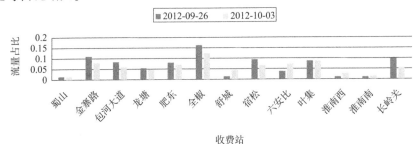

图 5-27　2012 年 9 月 26 日与 2012 年 10 月 3 日吴庄收费站的来源收费站的比例变化

5.4.2　OD 对称性分析

1) 不同时间粒度下的对称性分析

由图 5-28 和图 5-29 可以看出,不同的时间粒度下,路网中路段有一定的对称性,且在白天高峰阶段,对称性会更明显;例如 10:00—12:00、17:00—19:00,路网欧氏距离同该路段的来源和去向的比值呈现对称性;且随着时间粒度的增大,从 1h 到 12h,路段的对称性增强。

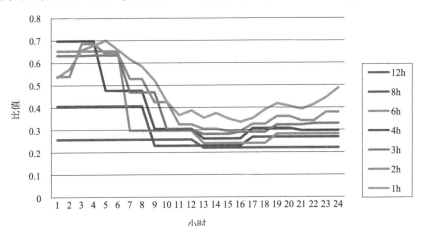

图 5-28　路网欧式距离同该路段的来源向量的比值随不同时间粒度的分布

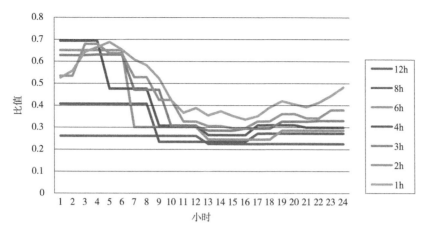

图 5-29　路网欧式距离同该路段对称路段的去向向量的比值随不同时间粒度的分布

2）不同时序上的对称性分析

由图 5-30 和图 5-31 可以看出，在本身对称性较好的成分上，在较短的时间窗口内，路段之间的对称线性关系没有本路段的线性关系好，但随时间增加逐渐呈相反结果。

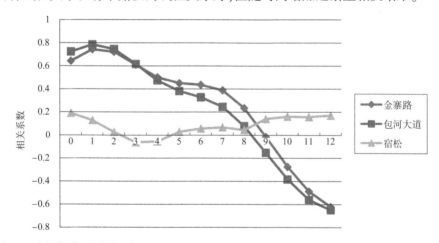

图 5-30　包河大道—龙塘来源主成分站点与龙塘—包河大道去向主成分站点的相关系数随时间的分布

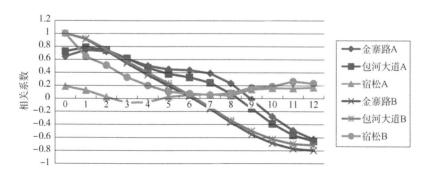

图 5-31　同对侧去向流量自身每小时的相关系数随时间的分布

由图 5-32 可以看出，以天为单位时线性相关性比较弱，在相隔 1～2 天时对侧的相关性要好于自身。无论是对侧相关性还是自身相关性，在 6～7 天时都有提升，但并不明显。

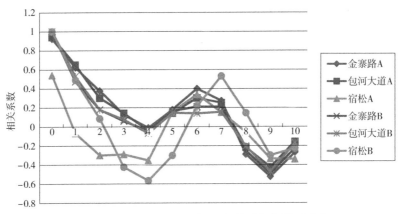

图 5-32　同对侧去向流量自身天的相关系数随时间的分布

由表 5-3 与表 5-4 可以看出，日对称性最好的路段大部分与出境或重要交通通道有关；日对称性最差路段大部分与风景区和路网内部末端有关。

按天统计路网路段对称性较好的路段　　　　　　　　　　　　　　　　　　表 5-3

路段起点	路段终点	来源主成分			去向主成分			备注
含山	沈巷	巢湖	肥东	叶集	雍镇	沈巷	花园	靠近芜湖长江大桥,去往大桥方向
巢湖	含山	巢湖	肥东	叶集	雍镇	沈巷	含山	靠近芜湖长江大桥,去往大桥方向
小金冲	金寨路	龙塘	吴庄	花园	金寨路	淮南南	叶集	合肥环线,主要来源中吴庄和花园为入境点,去向中叶集为出境点
全椒	吴庄	宿松	叶集	六安北	吴庄			出境
大墅	全椒	宿松	叶集	六安北	吴庄		全椒	靠近边界,出境
陇西	大墅	肥东	宿松	叶集	吴庄	全椒	大墅	出境方向
芜马互通	芜湖主线	广德	马鞍山东	当涂	芜湖主线	雍镇	巢湖	出口为长江大桥
滁州	十二里半	界首	滁州	明光西	曹庄	十二里半		靠近边界,出境
十二里半	曹庄	界首	滁州	明光西	曹庄			边界,出境
张庄寨	皖豫	皖苏	曹庄	宿州	皖豫			边界,出境

按天统计路网路段对称性较差的路段　　　　　　　　　　　　　　　　　　表 5-4

路段起点	路段终点	来源主成分			去向主成分			备注
黄山	三阳	黄山			歙县	G56 徽州	九华山	黄山周边,入境
黄山南门	汤口互通	黄山南门			屯溪西	黄山北门	谭家桥	黄山周边,路网内部末端
屯溪南	屯溪南互通	黄山	歙县	屯溪南	G56 徽州	黄山南门	屯溪西	黄山周边
淮北	淮北口	淮北			宿州	曹庄	蚌埠北	路网内部末端
歙县	屯溪南	黄山	三阳	歙县	G56 徽州	屯溪西	G3 黄山	黄山周边
三阳	歙县	黄山		三阳	歙县	G56 徽州	黄山北门	黄山周边
铜陵南	上水桥	铜陵南	桐城	花园	九华山	黄山北门	屯溪西	九华山周边,路网内部末端
芜湖南	峨桥	马鞍山东	芜湖南	芜湖东	峨桥	铜陵	铜陵东	—
屯溪	屯溪南互通	屯溪			黄山	G56 徽州	G3 黄山	黄山周边,路网内部末端
九华山	陵阳	铜陵南	九华山	安庆南	黄山北门	屯溪西	徽州区	九华山周边

5.4.3 OD 跳数分布

1）剩余跳数

图 5-33 刻画的是"包河大道—龙塘"路段在 2010 年 12 月 29—31 日路段保有量随时间的变化,以 15min 为时间粒度;横轴表示时间,每个时间窗口为 6h,描述路段保有量随时间的变化;纵轴表示路段保有量,单位为辆。从图中可以看出,在同一天中,路段保有量有两个峰型,在 6:00—12:00 时间段内,路段保有量先升高后降低,并在 9:00—10:00 达到峰值;在 12:00—0:00 时间段内,路段保有量首先呈上升趋势,并在 16:00—17:00 达到峰值,其后,迅速下降至较低水平;在不同天,同一时间段内,路段保有量的变化趋势相同,说明同一路段保有量在不同时段具有一定的周期性,可以从中挖掘出用户的出行模式,并进行路段保有量的预测。

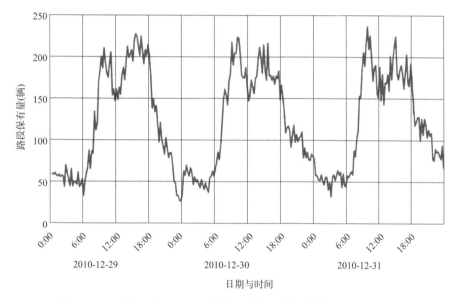

图 5-33　2010 年 12 月 29—31 日路段包河大道—龙塘路段保有量随时间分布

图 5-34 刻画的是龙塘—肥东路段在 2010 年 12 月 29—31 日时间段内保有量随时间的变化,时间粒度为 15min。由图中可以看出,龙塘—肥东的路段保有量峰值低于包河大道—龙塘路段的保有量,可能的原因为包河大道—龙塘路段为上游路段,车流量要大于下游路段。

分析目标路段的保有量可以通过反演得到路段上车辆经过的收费站点和剩余的收费站点,即 OD 的已走跳数和剩余跳数。

图 5-35、图 5-36 描述的是包河大道—龙塘路段车辆在 2010 年 12 月 29—31 日时间段内从包河大道收费站进入高速公路一段时间内距离龙塘收费站的数目即剩余跳数的分布;横轴表示时间,每个时间窗口为 6h;纵轴表示车辆数目;每条曲线表示该跳数的车辆在时间上的分布,共有 14 条曲线,表示不同剩余跳数的分布。分析可以得出,不同剩余跳数中 0 跳占据较大部分,随着剩余跳数的增加,其占据部分越来越小,可以看到距离入口收费站更近的收费站所占比例更大。

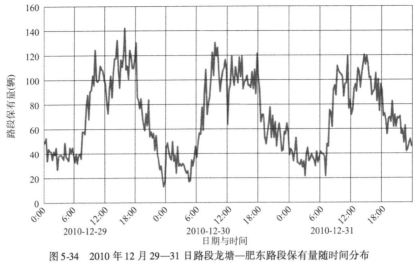

图 5-34 2010 年 12 月 29—31 日路段龙塘—肥东路段保有量随时间分布

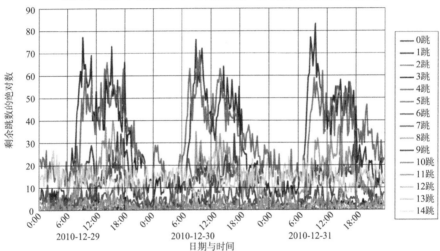

图 5-35 2010 年 12 月 29—31 日路段包河大道—龙塘剩余跳数的绝对数随时间的分布（一）

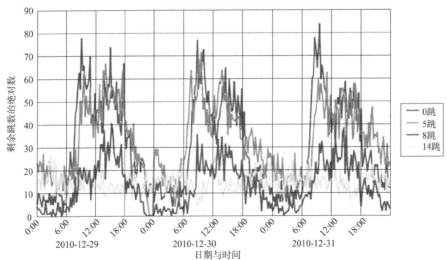

图 5-36 2010 年 12 月 29—31 日路段包河大道—龙塘剩余跳数的绝对数随时间的分布（二）

由图 5-37 可以看出,剩余跳数的绝对值在白天会达到较高值,在夜晚又降低,有显著的昼夜模式之差。

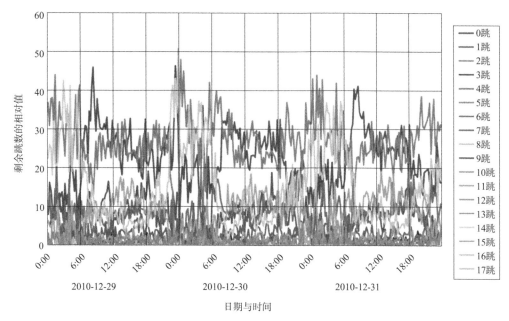

图 5-37　2010 年 12 月 29—31 日路段包河大道—龙塘剩余跳数的相对值随时间的分布

图 5-38 和图 5-39 反映的是龙塘—肥东路段车辆在 2010 年 12 月 29—31 日剩余跳数绝对数随时间的变化;横轴表示时间,纵轴表示车辆数。曲线描述不同剩余跳数随时间的分布,其中图 5-38 表示剩余跳数在 0~14 时随时间变化的情况,而图 5-39 表示当剩余跳数为 0、3、4、7、13 时,其随时间的变化呈现一定的周期性,表明这些收费站点的车流量比较稳定。

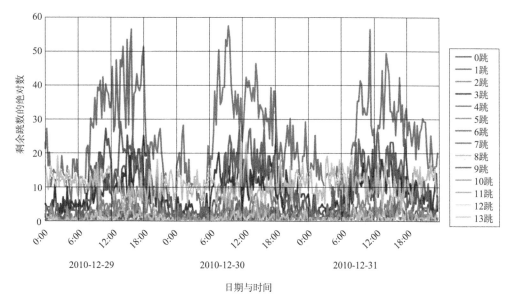

图 5-38　2010 年 12 月 29—31 日路段龙塘—肥东剩余跳数的绝对数随时间的分布(一)

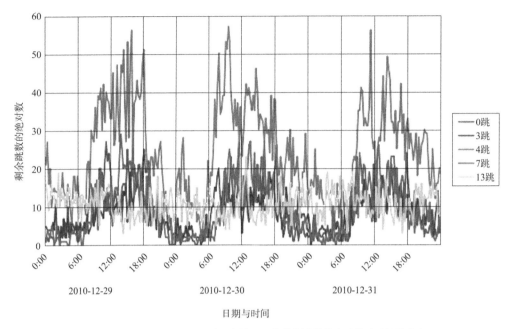

图 5-39　2010 年 12 月 29—31 日路段龙塘—肥东剩余跳数的绝对数随时间的分布(二)

图 5-40 和图 5-41 描述的是路段包河大道—龙塘/龙塘—肥东车辆在 2010 年 12 月 19—31 日时间段内剩余跳数的绝对值及其均值随时间的变化;横轴表示跳数,纵轴表示三天该剩余跳数的绝对值或均值。从图中可以看出,对于包河大道—龙塘来说,其 0 跳、4 跳、5 跳、8 跳、14 跳占据所有剩余跳数的比例最大,其中又以剩余 0 跳、剩余 5 跳比例最大;对于龙塘—肥东来说,其 0 跳、4 跳、7 跳、13 跳占据所有剩余跳数的比例最大,其中又以剩余 0 跳、4 跳比例最大。

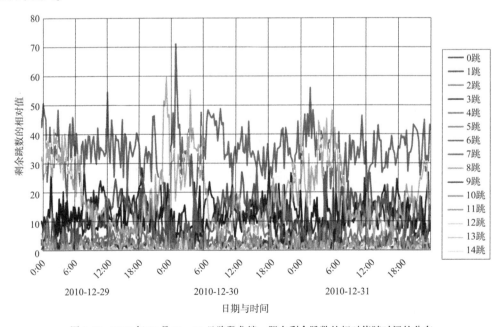

图 5-40　2010 年 12 月 29—31 日路段龙塘—肥东剩余跳数的相对值随时间的分布

第 5 章　高速公路 OD 特征分析

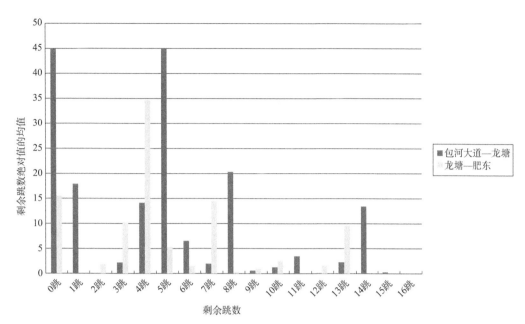

图 5-41　2010 年 12 月 29—31 日路段包河大道—龙塘/龙塘—肥东剩余跳数绝对值的均值随剩余跳数的分布

对比两个路段，在同一剩余跳数时，两路段的均值差异显著，且呈现"此消彼长"的趋势，即在一个路段在该剩余跳数占据比例较大时，另一路段占据比例较小；反之亦然。

图 5-42 描述的是 2010 年 12 月 29—31 日包河大道—龙塘/龙塘—肥东剩余跳数相对值的均值随剩余跳数的分布。

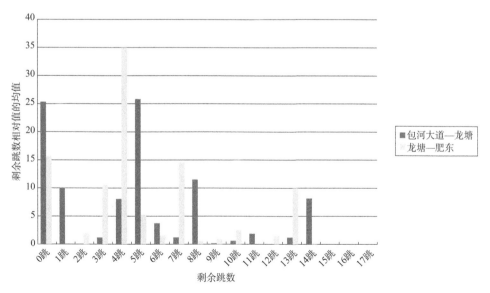

图 5-42　2010 年 12 月 29—31 日路段包河大道—龙塘/龙塘—肥东剩余跳数相对值的均值随剩余跳数的分布

2) 已走跳数

图 5-43 刻画的是路段包河大道—龙塘在 2010 年 12 月 29—31 日车辆已走过的跳数的绝对值随时间分布，横轴表示时间，时间粒度为 15min；纵轴表示车辆。曲线刻画的是不同的

已走跳数随时间的变化,可以看到已走跳数在时间上的分布有一定的周期性。

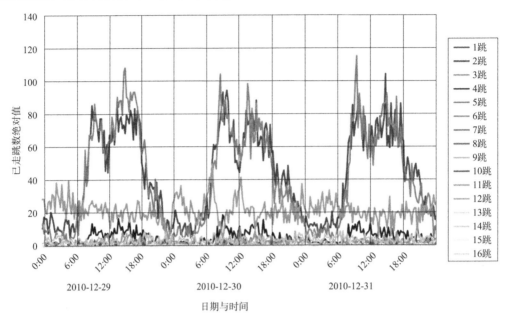

图 5-43　2010 年 12 月 29—31 日路段包河大道—龙塘已走跳数绝对值随时间的分布

图 5-44 表示路段包河大道—龙塘在 2010 年 12 月 29—31 日车辆已走过的跳数随时间分布。横轴表示时间,时间粒度为 15min;纵轴表示比例。

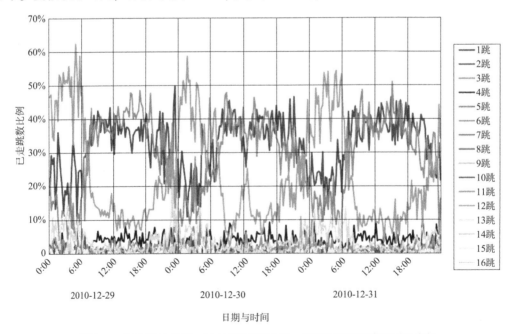

图 5-44　2010 年 12 月 29—31 日路段包河大道—龙塘已走跳数比例随时间分布

图 5-45 和图 5-46 反映龙塘—肥东路段车辆在 2010 年 12 月 29—31 日已走跳数绝对数随时间的变化;横轴表示时间,纵轴表示车辆数;曲线描述不同已走跳数随时间的分布,

其中图 5-45 表示已走跳数为 1~17 时随时间变化的情况,而图 5-46 表示当已走跳数为 2、4、13 时,其随时间的变化呈现一定的周期性。以上表明,这些收费站点的车流量比较稳定。

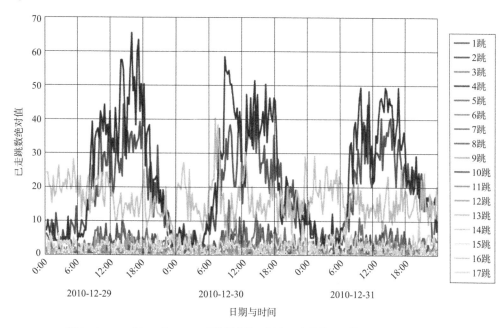

图 5-45　2010 年 12 月 29—31 日路段龙塘—肥东已走跳数绝对值随时间的分布(一)

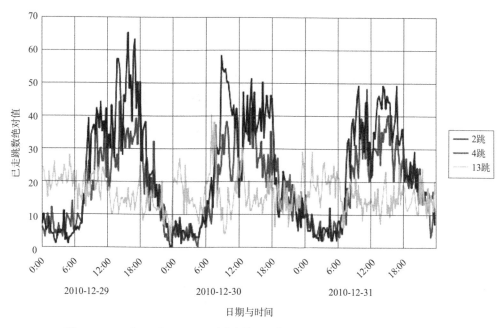

图 5-46　2010 年 12 月 29—31 日路段龙塘—肥东已走跳数绝对值随时间的分布(二)

3) 剩余跳数与已走跳数的关系

图 5-47 表示路网总跳数包括剩余跳数和已走跳数在 2010 年 12 月 29—31 日的分布情

况。横轴表示跳数,纵轴表示数目。由路网中总跳数的分布可以看出,17 跳之内的车流量占据绝大部分,而 26 跳的车流量也较多,说明该路线长途出行的可能性更大一些。

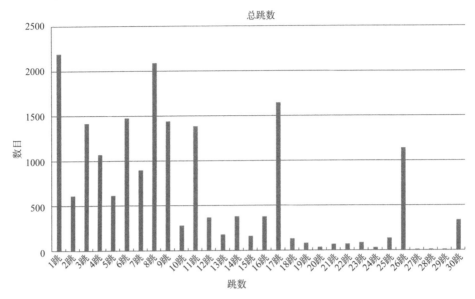

图 5-47 路网总跳数分布

图 5-48 表示 2010 年 12 月 29—31 日路网车辆的剩余跳数与已走跳数的关系矩阵。行表示已走跳数,范围为 1~16;列表示剩余跳数,范围为 0~14 跳;图中颜色数值大于 50 的区域表示占据路网跳数比例较大的已走跳数与剩余跳数。例如,当已走跳数为 1 跳时,剩余跳数为 0 跳、1 跳、3 跳、4 跳、5 跳、6 跳、7 跳、8 跳占据比例较大,且颜色越深,表示比例越大。

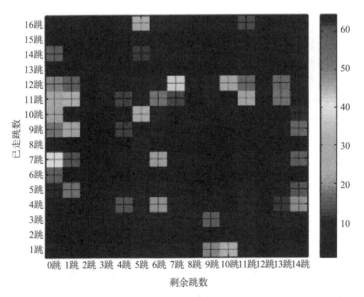

图 5-48 路网已走跳数与剩余跳数的关系

5.5 本章小结

路网 OD 估计和分析是进行动态配流的基础。本章对安徽省路网收费数据得到的 OD 数据进行研究,为了对路网 OD 数据进行特征分析,从 OD 稳定性、OD 对称性以及 OD 的跳数分布等逐一进行探究,得到分析结果。

(1) OD 稳定性分析:从不同的时间粒度、不同车型、工作日/周末和节假日等角度出发,对不同条件下的 OD 稳定性进行了分析,结果表明,在不同的时间粒度下,OD 分配比例随时间粒度的增大而更加稳定;不同车型的 OD 流量占比的稳定性在以天统计的粒度上是显著的,在不同的时间粒度下,在大部分时段,车型的占比都较稳定,在 13:00—14:00 和 18:00—20:00 时段,车型占比的稳定性较差,推测是此时段内货车流量增大导致稳定性降低;在工作日/周末条件下,从 OD 分配比例或 OD 绝对上看,OD 没有表现出较强的稳定性,说明同一周内工作日和周末的差别并不大,可能的原因是人们周末的出行并不依赖于高速公路;节假日免费通行的 OD 稳定性表现在 OD 分配比例随时间的变化上,在节假日期间,尤其是"国庆"等小长假,路网 OD 的分配比例特别是长距离或跨省(自治区、直辖市)的线路 OD 分配比例明显增大,而非热门线路的 OD 分配比例则变化不大。

(2) OD 对称性分析:从不同时间粒度、不同时间序列进行。不同时间粒度下的 OD 对称性分析结果表明,随着时间粒度的增大,路段的对称性更加显著,且在白天路网 OD 的高峰时段,如 10:00—12:00、17:00—19:00,路网 OD 对称性更强;不同时间序列上的 OD 对称性则表现为日对称性最好的路段大部分与出境或重要交通通道有关,而日对称性最差路段大部分与风景区和路网内部末端有关。

(3) OD 跳数分布分析:包括剩余跳数、已走跳数以及剩余跳数和已走跳数之间的相关性。剩余跳数的分析表明,其绝对值在白天会达到较高值,在夜晚又降低,有显著的昼夜模式之差;已走跳数的分析表明,其在时间上的分布有一定的周期性;而从已走跳数和剩余跳数的关系矩阵可以看出,已走跳数小于 3 跳时,OD 占据路网较大流量。

通过对路网 OD 数据的加工和分析,可以挖掘出路网 OD 的特征;对这些特征进行分析,可以为路网交通流组织和优化提供技术支持。

第6章 高速公路交通状态估计

本章首先给出了路网交通状态估计内容及关键技术,并对历史交通状态估计和实时交通状态估计的方法进行了阐述,然后给出了算法的求解步骤以及试验分析,最后进行了小结。

6.1 路网交通状态估计

随着我国经济的快速发展,公路交通技术的发展和管理效率的提高变得至关重要。高速公路交通系统是典型的复杂系统,而该系统的复杂性以道路的网络结构为基础。有效地对交通道路状况进行准确度量是提升高速公路运营管理水平与服务质量的基础。交通网络的拓扑结构与道路的交通参数能够在一定程度上反映交通网络的性能,然而要从更全面的角度评估网络的性能,则需将网络拓扑结构与网络中历史以及当前的交通流状况结合。网络的性能度量主要包含了整体路网的整体通行效率、各组成部分(如进出口、路段等)的交通模式、道路通行能力随交通量增加表现出的可扩展性以及根据实时交通流状况的环境污染和能耗状态的度量等。

所谓反演,是根据结果或信息,反推事件发生的过程或机制。交通反演,就是基于交通流模型知识,由路口进出车辆的数据,来推求当时路网上交通状况。交通反演可以利用现有的收费数据,复现道路运行状况,帮助实时监测道路运行情况。在此基础上,进一步预测分析未来走向态势,协助决策。从短期来看,流量反演预测能够帮助用户了解交通系统中的道路交通状况,方便用户合理选择出行时间和出行路线,同时能够协助运营人员实时地对车辆及指示信号进行安排调度;从长期来看,道路流量信息有助于管理者更加合理地进行规划与设计,为道路交通的基础建设提供良好的依据。实时的路段反演信息有助于减轻道路负担,使得道路使用和车辆运行更合理高效。

上面简单列举了交通反演分析系统中的主要研究内容以及所用到的关键技术。本章详细介绍系统所涉及的研究方法与模型结构,主要包括历史反演模型、高速公路网OD分配稳定模式、实时反演模型。

传统的交通建模方法可以分为微观建模和宏观建模。其中微观建模关注车辆的个体行为,经典的建模方法及理论包括元胞自动机(Cellular Automaton)、跟车模型、换道模型等。宏观的建模方法则关注交通总体特征,包括一些重要的交通参量,如流量、速度、密度等,而建立的宏观模型多以这些交通参量间的关系为基础。

本书所采用的方法主要基于上述的宏观模型对路网中的交通模式进行分析。由于收费数据具有其独特的优势，故本书中的路网的反演模型区别于传统的交通建模理论，同时由于结合了数据挖掘得到的通行模式规律和收费数据的天然优势，因此，该反演模型能够准确而高效地从历史数据中反演历史时刻的路网交通模式。

6.2 历史交通状态估计

6.2.1 平均速度模型

收费数据的优势主要体现在收费记录是车辆进入并离开路网的完整记录，内容包含车辆进入、离开路网的时间和站点、车牌、车型等重要信息。简单来说，假设所有车辆在路网中匀速行驶，所有车辆选择起点到终点的最短路径行驶。已知车辆进入、离开路网的站点和时间，可以推算出车辆的速度以及任意时刻车辆在路网中的位置，即所处的路段。进一步可以统计出各个路段的流量和平均速度。如此一来，便可以由路口进出车辆的收费数据复现道路运行状况。该过程即基于平均速度模型的历史反演过程。下面给出模型的基本流程。

算法 1　路网性能评估模型基本流程

1. 取一条 OD 记录。
2. 根据其起点终点计算在路网中的最短路径，由多个路段组成，即 $\{Section_1, Section_2, \cdots, Section_n\}$。
3. 根据其起点终点时间以及匀速行驶的假设，计算车辆进入各个路段的时刻，$\{t_1, t_2, \cdots, t_n\}$，则 $Flow(Section_i, t_i)$ 增加 1，$Speed(Section_i, t_i)$ 的统计样本量增加 1。
4. 计算各个时刻（通常以 15min 或 1h 为单位）车辆所处的路段，避免步骤 3 中有遗漏的路段、时刻的组合（当车辆在一个路段中行驶时间超过 1h 时，步骤 3 会有遗漏的路段、时刻的组合），将遗漏的路段、时刻的流量加 1，速度样本加 1。
5. 如果所有记录计算完毕，进行步骤 6，否则回到步骤 1。
6. 用样本平均值作为 $Speed(Section_i, t_i)$，得到最终的速度和流量。

通过上述算法，可以评估出路网中各时空点上的交通状态，包括车流量、车速等信息。

6.2.2 速度约束模型

为了更好地模拟实际交通运行状态，在平均速度模型的基础上，提出速度约束模型，表示为 $Constraint(Sec_i, T_j)$，指在 T_j 时间段路段 Sec_i 上存在速度约束，即该路段上车辆以一个相同的速度行驶。如果一辆车在 T_j 时间段内进入路段 Sec_i，且路段 Sec_i 上存在速度约束，则该辆车的速度即约束速度。车辆在剩余行驶路径上的行驶速度按算法 1 计算得到。推断出每辆车在每条路段上速度，就能估计得到车辆的行驶状态，也可以得到路段流量和速度。

定义 1：原子路段：如果一辆车的起点和终点是邻接的两个收费站点，则 OD 称为原子 OD。

定义 2：非原子路段：不是原子 OD 的 OD 称为非原子 OD。

由原子路段 OD 记录计算得到的路段平均速度比非原子路段 OD 得到的更准确，因此原子路段 OD 记录常用来判断一段时间内路段是否存在速度约束。图 6-1 为 SpeedSet(Sec_i, T_j) 的箱线图,如果 3/4 分位点和 1/4 分位点的差值比给定阈值小,路段 Sec_i 即被认为在时间段 T_j 内有速度约束 Constraint(Sec_i, T_j)。算法 2 用来判断是否存在速度约束,算法 3 是速度约束条件下交通流推断算法。

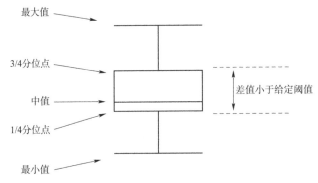

图 6-1 速度集合的箱线图

算法 2 输入为路段 Sec_i 在时间段 T_j 内的速度集合,输出为路段在该时间段内的约束速度。

算法 2 约束速度计算

1. 设定 θ_s 和 θ_v,其中 θ_s 表示从速度集合中采样数目的最小值,θ_v 表示产生约束速度的阈值,即速度集合中最大的速度差。
2. 如果从速度集合 SpeedSet(Sec_i, T_j) 中对速度进行采样的数目大于 θ_s,则计算 1/4 分位点 v_l 和 3/4 分位点 v_h 以及中位数 v_m;如果 $v_h - v_l < \theta_v$,则返回 v_m 作为约束速度;否则返回空,表示没有约束速度。
3. 如果对速度采样数目不大于 θ_s,则返回空,表示没有约束速度。

算法 3 即描述速度约束模型下交通流估计。

算法 3 约束速度模型

1. 选取所有收费记录中为原子 OD 的记录作为集合 A。
2. 在集合 A 上使用算法 1 得到各原子路段的交通量和路段速度集合。
3. 对算法 1 产生的各原子路段的速度集合运用算法 2 计算各原子路段的约束速度,并记录为 Constraint(Sec_i, T_j)。
4. 选取收费记录中所有非原子 OD 的记录作为集合 N_a。
5. 从 N_a 中取一条非原子 OD 记录,在平均速度模型的假设下估计记录中车辆进入其路径上收费站的时间 (t'_1, t'_2, $\cdots$, t'_n)。
6. 对于 $i = 1, \cdots, n$,如果 $t'_i \in T_j$ 并且存在约束速度,则 v_i = Constraint(Sec_i, T_j)。
7. 车辆在其路径上其余路段上的速度 $v_{\text{rest}} = l_{\text{rest}}/t_{\text{rest}}$。
8. 根据每个路段的速度,重新计算车辆进入每个路段的时间 ($t_1, t_2, \cdots, t_n$)。
9. 对于 $i = 1, \cdots, n$,如果车辆在 T_j 位于路段 Sec_i,则在 Flow(Sec_i, T_j) 增加 1,Speed(Sec_i, T_j) 中增加速度 v。
10. 由以上步骤可以得到 T_j 时刻路段 Sec_i 的流量,以及速度集合 Speed(Sec_i, T_j)。
11. 计算平均速度作为最终速度。

6.3 实时交通状态估计

通过历史反演模型可以利用历史收费数据获得历史上的通行模式。然而在实时条件下,路网中的车辆信息仅包含入口站点、时间等,并不包含出口站点位置、出口时间等重要信息,因此实时反演过程将比历史反演更加复杂。由于仅包含了入口信息,实时路网中的车辆路径是无法得知的,因此需要利用数据挖掘方法研究车辆分布的时空规律。

在数据分析的过程中发现,在一定的时间段内由同一入口站点进入路网的车辆,其对应的出口分配比例会保持在一个相对稳定的范围内,每一时段的分配比例情况都在一定程度上反映了在未来时段内的分布情况。这一规律在整个高速公路网的收费数据中都得到了很好的验证。因此,路网中实时通行的车辆,其出口站点的分布可由较前的时间段内由其入口进入路网而目前已离开路网的车辆的收费数据综合计算推测。

一方面,高速公路路网 OD 分配的稳定性模式可以用于推测在途车辆可能的出口位置分布。而另一方面,通过对已驶离路网车辆的收费数据记录进行历史反演,能够得到在过去时间段内各原子路段上交通流的通行量与通行速度。在这一基础上,能够根据在途车辆的入口记录中的入口站点信息与入口时间信息,推测实时情况下车辆在路网中位置的概率分布,而将经由各站点进入路网的在途车辆分布进行综合,便可得到整个高速公路路网整体的车流分布特征。图 6-2 所示即实时反演过程。

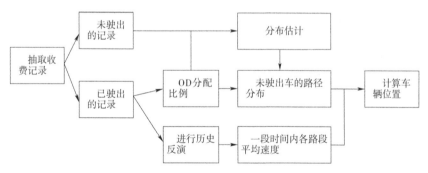

图 6-2 实时反演过程

相比历史反演,实时反演的步骤更为复杂。由于在实时反演过程中只能得到车辆的整体分布情况,并不关心具体车辆的具体位置,因此可将一个短时间段内从单一入口收费站进入路网的车辆视为一个整体进行分配,简化计算过程。其过程的主要步骤如下:

(1) 使用历史反演模型对实时时段 $[T_{\text{begin}}, T_{\text{end}}]$ 及其之前的足够长的 n 个时间段($[T_0, T_1], [T_1, T_2], \cdots, [T_{n-1}, T_n], T_n = T_{\text{begin}}, T_{n+1} = T_{\text{end}}$)(通常以 15min 为时间单位)进行历史反演,得到路网中任意原子路段在 $n+1$ 个连续时段内的车辆通行速度 $\{V_{\text{sec},0}, V_{\text{sec},1}, \cdots, V_{\text{sec},n}\}$。

(2) 对该 $n+1$ 个连续时间段内路网车辆的 OD 分配比例进行统计,得到任意站点 S_i 到任意其他站点 S_j 的车辆分配比例 $P_{i,j}$。

(3) 统计实时时段 $[T_{\text{begin}}, T_{\text{end}}]$ 以及前 n 个时段内任意站点 S_i 在时段 $[T_{k-1}, T_k]$ 内的入口车辆数目 $\{\text{IN}_{i0}, \text{IN}_{i1}, \cdots, \text{IN}_{in}\}$。

(4) 对任意站点 S_i，找出其分配概率大于 0.1% 的站点序列，记为 $\{S_{i1}, S_{i2}, \cdots, S_{im}\}$，根据该比例分配入口车辆数目序列 $\{IN_{i1}, IN_{i2}, \cdots, IN_{in}\}$ 至 OD 间最短路径上。

(5) 对所有上述 OD 对 S_i、S_j，取其路径 $\{Section_{i,j,1}, Section_{i,j,2}, \cdots, Section_{i,j,l}\}$，根据路径各时段速度 $\{V_{sec_{i,j,e},0}, V_{sec_{i,j,e},1}, \cdots, V_{sec_{i,j,e},n} | e \in 1, 2, \cdots, l\}$ 与分配概率 $P_{i,j}$，计算在统计实时时段 $[T_{begin}, T_{end}]$ 内 $\{IN_{i1}, IN_{i2}, \cdots, IN_{in}\}$ 分配到该路径上的对应位置。

(6) 对各路段 Sec_i 计算各站点在时间区间 $[T_{begin}, T_{end}]$ 内能够到达该路段的车辆总数 Vel_{Sec_i}。

6.4 实验分析

平均速度模型在处理历史反演过程中有着操作简单、处理速度快等优点。为了验证该模型能够反映真实的交通流通行模式，首先利用开放数据就历史反演算法的有效性进行了对比试验，之后利用山西高速公路各监测点的交通量调查数据进行对比试验。

6.4.1 开放数据验证

一方面，将历史反演模型运用在多条道路上并与实际检测点检测数据进行对比（图 6-3 ~ 图 6-5），发现历史反演模型能够非常好地反映原子路段上的实际交通模式。这一点也很好地保证了后述实时反演系统的合理性基础。

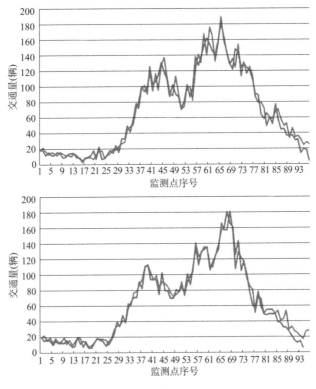

图 6-3

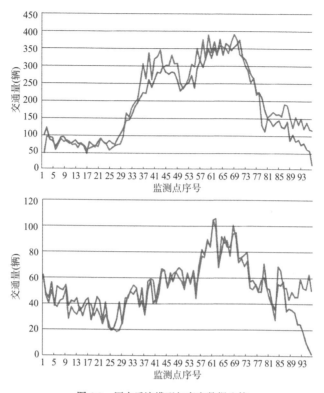

图 6-3 历史反演模型与真实数据比较

另一方面,利用历史收费数据模拟实时收费环境,将实时反演结果与历史反演结果进行对比,发现实时反演虽然与历史反演相比有一定的偏差,但在大部分路段上都能够比较好地反映出流量变化的趋势以及流量约数,其精度已足够作为实时道路交通状况分析的基础。

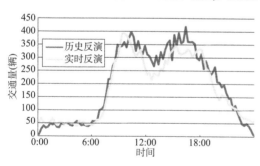

图 6-4 长风站至松庄站路段反演结果对比

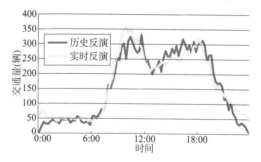

图 6-5 松庄站至杨家峪站路段反演结果对比

6.4.2 监测数据试验验证

在大量流量反演数据的基础上,借助所提供的山西高速公路各监测点的交通量调查数据,进行了大量的试验,验证了反演算法的结果有着较高的精确性。如表6-1所示,在6组对比试验中,累计流量误差最高为5.33%,其余均在2%以下。整体误差率均在14%以下,其中临汾临侯路监测点误差率仅为6.01%,罗城监测点的误差率仅为7.00%。

测试数据与精度验证结果　　　　　　　　　　　　　　　　　　　　　　表 6-1

监测点	对应路段	对比数据起止日期	累计总流量（辆）	反演累计总流量（辆）	累计流量误差	平均小时误差（辆）	平均精确度
离石东	吴城—离石东	2011年2月1—18日	162164	159464	1.665%	25.89	88.27%
临汾临侯路	临汾—襄汾	2011年2月6—18日	176023	174468	0.88%	23.30	93.99%
罗城	晋祠—罗城互通	2011年2月1—28日	841120	829182	1.42%	42.62	93.00%
吕梁吴城	吴城—离石东	2011年2月2—18日	155229	154817	0.26%	33.53	86.82%
太原南环	小店互通—武宿	2011年2月2—18日	358915	339775	5.33%	73.87	86.82%
太原西北环	东社—柴村	2011年2月7—18日	68883	67612	1.85%	20.78	88.29%

在分时段对比试验中，如表6-2及表6-3所示，白天高峰时段（8:00—20:00），各监测点的精确度相比整体统计都有明显提升。6对试验组中精度最低为90.62%，均为90%以上，其中临汾临侯路监测点与罗城监测点的精确度达到了97%。在夜间低谷时段（20:00—次日8:00），由于车辆数量减少，行为可预测性降低，反演精确度略有降低，但各试验组仍保证了80%的精确度，而其中最为精确的临汾临侯路监测点依然有90%的精确度。

分时段精度验证　　　　　　　　　　　　　　　　　　　　　　表 6-2

监测点	对应路段	高峰时段(8:00—20:00)		低谷时段(20:00—次日8:00)	
		平均小时误差（辆）	平均精确度	平均小时误差（辆）	平均小时误差率
离石东	吴城—离石东	27.6	91.72%	24.1	84.62%
临汾临侯路	临汾—襄汾	28.4	97.02%	18.1	90.96%
罗城	晋祠—罗城互通	50.1	97.32%	35.1	88.66%
吕梁吴城	吴城—离石东	38.6	90.62%	28.4	83.01%
太原南环	小店互通—武宿	88.7	92.70%	63.7	80.81%
太原西北环	东社—柴村	32.4	92.23%	12.2	83.95%

分时精度详表　　　　　　　　　　　　　　　　　　　　　　表 6-3

时间	太原西北环			太原南环		
	平均流量（辆）	平均误差（辆）	平均精确度	平均流量（辆）	平均误差（辆）	平均精确度
0:00—1:00	85	12	82.93%	456	60	84.65%
1:00—2:00	64	8	84.43%	402	34	90.20%
2:00—3:00	65	9	83.02%	401	67	79.56%
3:00—4:00	53	9	82.94%	340	59	80.49%
4:00—5:00	54	10	76.51%	347	89	77.69%
5:00—6:00	49	8	78.81%	335	62	82.04%

续上表

时间	太原西北环			太原南环		
	平均流量(辆)	平均误差(辆)	平均精确度	平均流量(辆)	平均误差(辆)	平均精确度
6:00—7:00	69	13	78.08%	435	81	79.16%
7:00—8:00	132	12	89.78%	644	42	90.31%
8:00—9:00	236	13	92.78%	969	69	92.35%
9:00—10:00	341	26	91.34%	1388	91	93.77%
10:00—11:00	436	24	94.96%	1758	94	94.87%
11:00—12:00	456	30	93.56%	1781	104	94.03%
12:00—13:00	400	31	93.19%	1604	66	95.65%
13:00—14:00	390	36	91.52%	1716	82	95.27%
14:00—15:00	477	29	94.20%	1934	70	96.44%
15:00—16:00	517	46	91.39%	1920	67	96.65%
16:00—17:00	517	43	91.80%	1774	54	96.88%
17:00—18:00	438	34	91.68%	1624	101	93.84%
18:00—19:00	345	22	93.56%	1318	107	92.04%
19:00—20:00	246	22	91.75%	944	117	88.59%
20:00—21:00	200	19	89.62%	790	40	95.23%
21:00—22:00	169	21	85.85%	693	50	91.49%
22:00—23:00	121	15	89.19%	583	57	90.56%
23:00—0:00	104	11	87.58%	519	75	87.39%

时间	罗城			离石东		
	平均流量(辆)	平均误差(辆)	平均精确度	平均流量(辆)	平均误差(辆)	平均精确度
0:00—1:00	362	26	89.11%	350	31	83.14%
1:00—2:00	312	45	82.46%	335	34	84.87%
2:00—3:00	256	31	85.39%	285	35	82.72%
3:00—4:00	234	19	84.68%	255	24	81.49%
4:00—5:00	212	36	79.34%	230	35	75.45%
5:00—6:00	226	41	80.25%	221	32	84.40%
6:00—7:00	358	37	86.20%	218	36	75.98%
7:00—8:00	732	24	93.63%	288	28	84.20%
8:00—9:00	1196	29	93.98%	416	38	80.85%
9:00—10:00	1885	65	96.04%	585	42	86.85%
10:00—11:00	2379	84	96.39%	660	25	90.42%
11:00—12:00	2380	65	97.20%	681	22	95.38%
12:00—13:00	2064	36	98.19%	712	52	92.67%

续上表

时间	罗城			离石东		
	平均流量(辆)	平均误差(辆)	平均精确度	平均流量(辆)	平均误差(辆)	平均精确度
13:00—14:00	2161	42	98.06%	728	42	91.35%
14:00—15:00	2551	48	98.22%	736	41	88.88%
15:00—16:00	2644	57	97.71%	742	34	95.16%
16:00—17:00	2525	49	98.08%	693	26	94.98%
17:00—18:00	2293	83	96.54%	706	32	90.82%
18:00—19:00	1874	46	97.51%	575	24	89.65%
19:00—20:00	1280	32	97.59%	516	24	90.18%
20:00—21:00	936	24	97.14%	461	20	93.19%
21:00—22:00	769	27	96.44%	434	33	92.73%
22:00—23:00	629	35	93.86%	400	31	87.51%
23:00—0:00	478	24	92.71%	377	34	87.14%

时间	吕梁吴城			临汾临侯路		
	平均流量(辆)	平均误差(辆)	平均精确度	平均流量(辆)	平均误差(辆)	平均精确度
0:00—1:00	331	35	81.43%	171	18	90.08%
1:00—2:00	330	42	82.83%	166	23	85.57%
2:00—3:00	284	40	79.55%	153	18	87.79%
3:00—4:00	229	35	79.40%	137	11	92.60%
4:00—5:00	216	40	81.34%	127	13	90.43%
5:00—6:00	214	36	82.09%	140	16	87.24%
6:00—7:00	215	41	76.55%	188	16	92.33%
7:00—8:00	272	30	79.05%	332	15	95.77%
8:00—9:00	385	48	80.70%	564	14	97.48%
9:00—10:00	567	34	88.70%	908	12	98.58%
10:00—11:00	699	53	91.96%	1126	25	97.67%
11:00—12:00	690	43	92.30%	1164	35	96.93%
12:00—13:00	699	58	91.32%	994	26	97.47%
13:00—14:00	747	40	93.33%	972	31	96.81%
14:00—15:00	783	56	90.25%	1055	24	97.34%
15:00—16:00	710	54	87.87%	1068	41	95.75%
16:00—17:00	751	85	84.75%	1101	32	97.17%
17:00—18:00	711	35	90.36%	971	39	95.93%
18:00—19:00	573	31	90.04%	762	26	96.62%

续上表

时间	吕梁吴城			临汾临侯路		
	平均流量(辆)	平均误差(辆)	平均精确度	平均流量(辆)	平均误差(辆)	平均精确度
19:00—20:00	446	41	87.95%	557	12	97.71%
20:00—21:00	451	36	88.59%	458	34	92.67%
21:00—22:00	413	31	82.79%	365	19	94.94%
22:00—23:00	380	44	81.02%	293	15	93.95%
23:00—0:00	383	40	84.95%	240	18	92.35%

图 6-4 ~ 图 6-6 表明,路段流量反演方法的结果是精确可靠的,能够满足山西高速公路决策支持系统的实际运用。

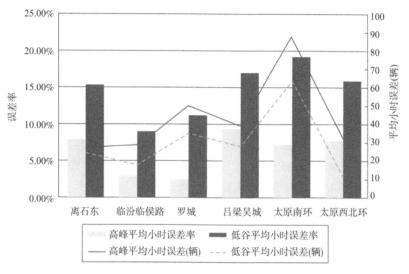

图 6-6 分时段误差统计情况

6.5 本章小结

路网交通状态估计包括历史交通状态的估计和实时交通状态的估计,通过使用平均速度模型和约束速度模型,对历史交通量和车速进行估计,具有较好的效果。

第7章 高速公路交通状态预测

本章首先给出了路网交通状态预测的主要内容,然后介绍了高速公路交通状态预测的方法,最后进行了小结。

7.1 路网交通状态预测

高速公路的建造使得人们的出行更加方便、舒适,运输业也快速优质地发展,由此带动了周边地区的经济发展。但是随着高速公路的迅猛发展,高速公路里程不断地增长,也同样带来了很多问题。同时由于其利用率越来越高,交通拥挤、交通安全以及环境污染等问题也逐渐显露出来。为解决这些问题,交通管理者及研究人员运用各种方法或系统来解决交通问题,这就是智能运输系统,而流量预测是其中一个非常重要的环节。科学合理地预测路网上的流量情况,能够准确地掌握路网上未来流量的变化趋势,为其整体规划、分流预测以及事故预警分析等提供基础依据。但是,高速公路建设初期,道路数少,路网相对简单,由于起点和终点之间的路径没有那么复杂,所以简单地利用最短路径模型预测可能是合理的,不过,随着路网的不断完善、不断进步,逐渐形成了大环套小环、环环相连、四通八达的复杂路网。

7.2 基于实例的学习

对于已知的训练样例,很多学习方法建立起明确的一般化描述来描述最终的目标函数。而与此不同的是,基于实例的学习是将训练样例先存储起来。当必须分类新的实例的时候,再从这些存储的实例中进行相应的泛化工作。每当学习器遇到一个新的查询实例时,首先分析这个新实例和以前那些存储起来的实例的相应关系,然后根据这个关系把一个目标函数赋给这个新的实例。基于实例的学习方法包括最近邻(Nearest Neighbor)法和局部加权回归(Locally Weighted Regression)法,它们都假定实例可以被表示为欧式空间中的点。除此之外,基于实例的学习还包括基于案例的推理(Case-based Reasoning),基于案例的推理会采用比较复杂的符号表示。以上这些基于实例的学习都被称为消极(Lazy)学习法,因为它们都把处理的工作延迟到必须分类新的实例时。而这种延迟或者消极学习的方法有一个很关键的优点,就是它们并不是在整个实例的空间上一次性地估计所需的目标函数,而是针对每个待分类的新实例作出相应的局部和相异的估计。

局部加权学习是一种基于实例的机器学习。从学习器的泛化过程来看,学习的方式可以分为"积极学习"和"消极学习"两类。

"积极"的学习方法通过训练数据为目标函数建立起明确的一般化描述,在新的查询到来之前就已经完成好了泛化的工作,例如网络结构和权值等。

"消极学习"则是把对训练数据的处理放到新实例被询问时,它通常先将训练数据存储起来,然后寻找数据库中的相关数据来分类这个新实例。即先在数据库中查找新实例与之前的实例的关系,然后根据这个关系将一个目标函数赋给这个新的样例。

这种方法所基于的假设是:对于已有的实例(训练样本),每一个实例都表现出某种特征,即蕴含着整体的一部分知识,相似的实例应该具有相似的特征,所以对新的实例的查询可以通过和它相近的实例进行比较而得。基于实例的学习方法的关键优点为:它并不是在整个实例空间中作一次性的目标函数估计,而是针对每个需要分类的新的实例来作出局部的或者是相异的估计。

极端实例(Outlier)和噪声对于学习器的影响是很小的,而在积极学习方法中,因为需要进行事先的泛化,所以极端实例可能会影响整个学习器的结构而使预测失准。

总体来看,消极学习通过很多局部逼近的组合来表达目标函数,而积极学习必须在训练时提交单个的全局逼近,所以两者之间的差异实际上意味着对目标函数全局逼近和局部逼近的差异。

7.2.1 局部加权回归

最近邻方法可以被看作在单一的查询点 $x = x_q$ 上逼近目标函数 $f(x)$。局部加权回归是这种方法的推广。它在环绕 x_q 的局部区域内为目标函数 f 的局部逼近。例如,可以使用线性函数、二次函数、多层神经网络或者其他函数式在环绕 x_q 的邻域内逼近目标函数。"局部加权回归"名称中,"局部"是因为目标函数的逼近仅根据查询点附近的数据;"加权"是因为每一个训练样例的贡献是由它与查询点之间的距离加权的;"回归"是因为统计学习界广泛使用这个术语来表示逼近实数值函数的问题。

给定一个新的查询实例 x_q,局部加权回归的一般方法是建立一个逼近 f,使 f 拟合环绕 x_q 的邻域内的训练样例。然后用这个逼近来计算 $f(x_q)$ 的值,也就是为查询实例估计的目标值输出。然后 f 的描述被删除,因为对于每一个独立的查询实例都会计算不同的局部逼近。

局部加权回归中,有三个主要问题需要确定:

(1)距离加权平均。

距离函数是局部加权学习中的重要部分。以距离加权平均为例,它实际上就是局部加权回归模型中的常数模型。预测向量 $\hat{y}$ 为 n 个训练向量 $\{y_1, y_2, \cdots, y_n\}$ 的平均值:

$$\hat{y} = \frac{\sum y_i}{n} \tag{7-1}$$

预测的目标是使代价函数最小:

$$C = \sum_i (\hat{y} - y_i)^2 \qquad (7-2)$$

这里的训练向量$\{y_1,y_2,\cdots,y_n\}$是训练输入向量$\{x_1,x_2,\cdots,x_n\}$的输出。局部加权学习强调,越靠近询问点q的数据点会得到越高的权重,而不是对所有数据点都同样对待,可以通过两种方法来达到这一目的:直接对训练数据加权;对误差标准加权来选择$\hat{y}$。通常利用距离函数使用直接加权。

欧式距离:

$$d_E(\boldsymbol{x},\boldsymbol{q}) = \sqrt{\sum_j (x_j - q_j)^2} = \sqrt{(\boldsymbol{x}-\boldsymbol{q})^T(\boldsymbol{x}-\boldsymbol{q})} \qquad (7-3)$$

式中:$\boldsymbol{x}$、$\boldsymbol{q}$——向量。

曼哈顿距离:

$$d_M(\boldsymbol{x},\boldsymbol{q}) = \sum_j |x_j - q_j| \qquad (7-4)$$

(2)局部加权回归中的局部模型。

通常采用常数模型来预测,避免其他模型的过于复杂,而导致预测结果反而不好。

(3)核函数的选择。

局部模型中的核函数十分重要,当样本数据点距离询问点的距离近于0时,它具有最大的权重,同时随着距离的增大,核函数应该连续而平滑地下降。如果核函数是不连续的,就会导致预测的值不连续。一般地,如果核函数越平滑,则预测函数就会越平滑。

核函数(权重函数)$K(\ )$使用距离来计算每个数据点的权重。核函数的选择和数据的性质有关,常见的核函数为Gaussian核函数。

7.2.2 交通数据特征分析

交通量的分布有多种多样的,不同地区数据分布可能不一样,同样,城市交通、乡村交通以及高速公路等,由于人们出行需求不同,交通量的分布也是不相同的。此外,由于季节天气的变化、节假日、交通事故、交通管制以及道路维护等因素也会影响到道路上交通量的变化,因此,交通量数据具有随机性。但是同一地区,从时间上来看,每一年、每一天的流量数据都在周而复始地变化,大致呈现相同的趋势,这又决定了交通量数据具有周期性的特点。

在交通量的研究中可以发现,人们出行需求是导致交通量数据规律的最主要的因素。例如,在城市道路中,人们的出行主要为早高峰、晚高峰,即上班时间和下班时间,周末和工作日的流量分布也是不一样的。而高速公路上流量在工作日和周末变化就不大,基本都呈现双峰结构,7:00—12:00、15:00—20:00为流量高峰。但是,无论什么情况,同一地点的流量数据是呈现时间周期性变化的。下面以山西省高速公路上长风站的流量数据为例,数据采集以15min为粒度。

从图7-1和图7-2中可以看出,交通量具有明显的周期性,不论是以周为单位和以月为单位,基本都呈现双峰结构。并且,由于数据是高速公路上的流量分布,所以并没有很明显的周末、工作日的分别,同时,季节的影响也不是很大,而在每天中,从7:00流量开始增多,中午的时候交通量有所下降,到了 14:00—15:00 交通量又逐渐趋于高峰,直到 20:00 交通量才开始降下来。呈现这种规律的主要原因是因为在高速公路上,大多数出行的目的并不是像城市交通那样上下班,有可能是一些经常跑长途的客货运输车辆,所以在上下午为流量高峰,而在中午、晚上和凌晨为流量低谷。

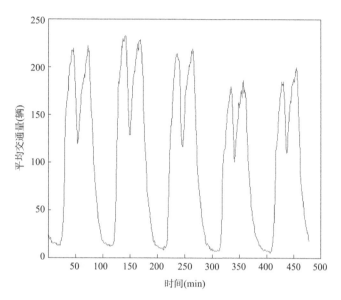

图 7-1　长风站 2009 年 8—12 月每月的平均交通量分布

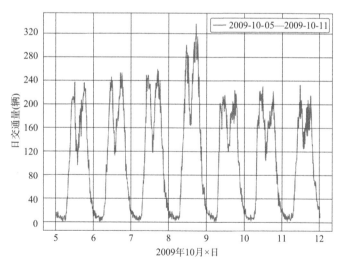

图 7-2　长风站 2009 年 10 月 5—11 日日交通量分布

7.2.3　局部模型在交通量预测下的可行性

目前,局部加权学习已经在机器人控制、复杂函数拟合等方面取得了很好的成果。它对于已知自由度和固定的函数拟合可以达到非常高的精确度,并且局部模型简单、训练速度快的特点也使得它在众多领域得到了广泛应用。

交通量预测对预测的准确性和广泛性提出了很高的要求,局部加权学习可以对广泛的地理空间的不同区域简单而快速地建立局部模型。根据前面的分析可以发现,交通量数据存在着周期性,同时虽然每天的数据呈现双峰结构,但是高峰的交通量却又每天有着不同的数值,所以仍有一定的随机性。可以说,交通量数据呈现着一种局部上的规律。

那么,如何去预测交通流量的变化呢?就要综合考虑交通量数据的特性,从以往的历史数据中寻找与待预测数据特点相似的数据,利用这些数据进行预测。同时,由于交通量预测又要满足一定的实时性,即需要快速展示下一时刻流量变化情况,这就要求交通流量预测算法既能准确预测流量变化状态,又能快速地得到结果,所以,局部加权学习模型就在这方面体现了很好的优势。试验和实践的证明,局部加权学习方法在交通量预测方面取得了很好的结果。

7.2.4　局部加权学习模型的实现

根据前面介绍的局部模型和交通数据的分析,将局部模型应用于交通量预测,可以归结为3个主要步骤:

第一步:取训练数据。在交通量预测中,训练数据存储在数据库或者数据仓库中,在确定好历史数据天数的选择后,根据实际情况从具体的数据库中取出相应时段的流量数据作为模型的训练数据。

第二步:权值的确定。确定权值是确定训练数据在预测时所占的相应比重,根据距离、核函数等来确定相应权值。

第三步:根据训练数据以及确定的权值来预测相应时段的流量情况。

7.2.5　试验分析

(1)收费站点交通量预测试验。

上述模型用2009年真实交通量数据来验证。以2009年10月26日的收费数据为例,图7-3~图7-5分别是长风、松庄、古城营的预测效果。

由图7-3~图7-5可以看到,预测效果相当准确,一天的交通量变化趋势可以很好地体现出来。

(2)路段和收费站点预测试验。

根据局部加权模型在山西省路网上的运用,选取路网上交通量最大的20个路段和20个收费站,在2011年1月的预测情况如下。

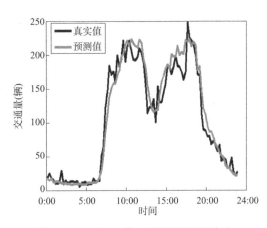

图7-3　2009年10月26日长风站预测效果

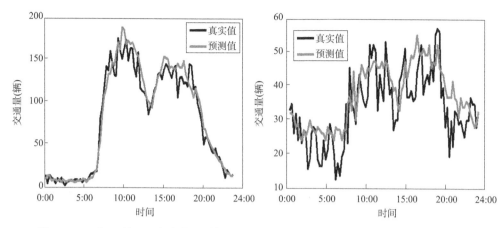

图 7-4　2009 年 10 月 26 日松庄站预测效果　　图 7-5　2009 年 10 月 26 日古城营预测效果

图 7-6 直观地展示了 2 个路段和 2 个收费站的交通量预测情况,由图可见,局部加权模型能够较准确地预测一天的流量变化趋势。

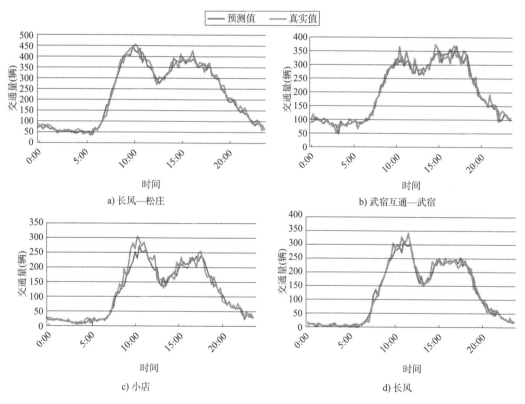

图 7-6　交通量预测

表 7-1 ~ 表 7-3 展示了流量最大的前 20 个路段在每个小时的具体预测精度情况。可以看到,凌晨时刻,由于交通量较小,所以波动大,预测相对误差大一些,但是到了流量高峰期,精度基本在 90% 以上;同样,表 7-4 ~ 表 7-6 展示了流量最大的前 20 个收费站的相同情况下预测精度情况。

2011 年 1 月流量最大的前 20 个路段的每个小时预测精度（一）　　　　表 7-1

时间	路段							
	长风—松庄	松庄—长风	武宿互通—武宿	罗城互通—晋祠	晋祠—清徐	清徐—义望互通	晋祠—罗城互通	清徐—晋祠
0:00	0.766446	0.80922	0.841589	0.834338	0.833459	0.83006	0.815648	0.822886
1:00	0.70496	0.771995	0.837876	0.807797	0.832496	0.762266	0.816512	0.758976
2:00	0.780465	0.740781	0.804905	0.813307	0.81713	0.808059	0.781646	0.78251
3:00	0.74072	0.703872	0.794005	0.81021	0.827853	0.776457	0.786811	0.751147
4:00	0.722421	0.72413	0.812839	0.795543	0.753883	0.790608	0.725966	0.725038
5:00	0.781387	0.760851	0.81271	0.801392	0.81138	0.823802	0.784653	0.809972
6:00	0.795953	0.820756	0.853415	0.801442	0.802961	0.80329	0.83113	0.820305
7:00	0.843237	0.835795	0.851775	0.847452	0.841847	0.850509	0.82075	0.833923
8:00	0.913768	0.899554	0.886754	0.875605	0.878415	0.884256	0.859427	0.871465
9:00	0.945788	0.926929	0.929547	0.931767	0.936241	0.91779	0.894398	0.908282
10:00	0.93563	0.925747	0.931942	0.915546	0.922367	0.915703	0.92192	0.926673
11:00	0.928132	0.921474	0.932777	0.931425	0.937509	0.934759	0.913754	0.909396
12:00	0.933799	0.917111	0.932858	0.927415	0.930145	0.927322	0.918165	0.918443
13:00	0.933513	0.92455	0.936058	0.929797	0.936402	0.929476	0.91956	0.932074
14:00	0.941568	0.930404	0.93348	0.935884	0.93798	0.934307	0.928241	0.935808
15:00	0.938663	0.926199	0.93681	0.930414	0.938147	0.939938	0.925842	0.927718
16:00	0.927112	0.931007	0.928746	0.930933	0.931745	0.931186	0.928593	0.931597
17:00	0.926328	0.924231	0.93622	0.930196	0.930136	0.925002	0.926041	0.927084
18:00	0.916957	0.918504	0.923312	0.92274	0.930591	0.906915	0.923618	0.910264
19:00	0.875542	0.900637	0.897772	0.899597	0.919653	0.910077	0.887327	0.893261
20:00	0.860424	0.882853	0.908314	0.887915	0.898048	0.897528	0.879072	0.860588
21:00	0.851367	0.879111	0.867543	0.878637	0.885822	0.888396	0.84324	0.855898
22:00	0.77808	0.831861	0.837562	0.852063	0.847664	0.855176	0.82663	0.831751
23:00	0.764098	0.825437	0.821259	0.799128	0.825043	0.825635	0.833199	0.822244

2011 年 1 月流量最大的前 20 个路段的每个小时预测精度（二）　　　　表 7-2

时间	路段							
	武宿—武宿互通	义望互通—清徐	长风—武宿互通	杨家峪—松庄	小店互通—古城营	古城营—罗城互通	古城营—小店互通	松庄—杨家峪
0:00	0.798909	0.782783	0.777324	0.771859	0.81984	0.826442	0.819192	0.732453
1:00	0.783965	0.784822	0.746821	0.758169	0.847337	0.830421	0.787888	0.704287

续上表

时间	路段							
	武宿—武宿互通	义望互通—清徐	长风—武宿互通	杨家峪—松庄	小店互通—古城营	古城营—罗城互通	古城营—小店互通	松庄—杨家峪
2:00	0.804687	0.810843	0.78589	0.708474	0.806946	0.81431	0.809687	0.760222
3:00	0.793633	0.770088	0.739017	0.718839	0.793894	0.821596	0.743141	0.711342
4:00	0.807685	0.780021	0.724371	0.709498	0.814167	0.789716	0.747895	0.751297
5:00	0.797248	0.811085	0.737162	0.766435	0.825728	0.778283	0.798984	0.766458
6:00	0.820606	0.830639	0.812811	0.788844	0.82268	0.809276	0.799914	0.777057
7:00	0.851399	0.845754	0.84384	0.83407	0.855155	0.84822	0.832009	0.826174
8:00	0.888141	0.872849	0.907779	0.904553	0.877594	0.87181	0.872303	0.889964
9:00	0.915301	0.914927	0.932448	0.931318	0.932141	0.936794	0.913654	0.922708
10:00	0.920847	0.919714	0.937898	0.933808	0.911681	0.908098	0.923641	0.931961
11:00	0.926767	0.913167	0.927722	0.918877	0.92797	0.922006	0.933119	0.932727
12:00	0.921603	0.928888	0.9296	0.915178	0.931716	0.931095	0.923316	0.920448
13:00	0.924745	0.9262	0.938677	0.924284	0.935692	0.933206	0.906627	0.921949
14:00	0.936897	0.926316	0.938611	0.931622	0.933318	0.937923	0.930955	0.935659
15:00	0.929036	0.934137	0.934144	0.938401	0.931826	0.937048	0.93157	0.928256
16:00	0.918448	0.933975	0.934478	0.920556	0.927822	0.93711	0.92379	0.926087
17:00	0.928046	0.92648	0.913943	0.925653	0.913914	0.919714	0.919725	0.926248
18:00	0.908916	0.911779	0.916018	0.910403	0.908966	0.904604	0.91986	0.915525
19:00	0.887257	0.895514	0.876341	0.907429	0.89213	0.899072	0.893394	0.838298
20:00	0.876678	0.862621	0.880108	0.873411	0.894735	0.886097	0.873631	0.842648
21:00	0.842433	0.835363	0.880304	0.861417	0.863831	0.870133	0.848428	0.833384
22:00	0.839921	0.849399	0.837433	0.813593	0.820143	0.824502	0.829272	0.797744
23:00	0.802282	0.831459	0.810443	0.789745	0.825456	0.818344	0.819805	0.757818

2011年1月流量最大的前20个路段的每个小时预测精度（三）　　表7-3

时间	路段			
	武宿—小店互通	罗城互通—古城营	武宿互通—长风	黄寨—阳曲互通二号跨线桥
0:00	0.825428	0.780741	0.795526	0.783235
1:00	0.849534	0.788853	0.729607	0.771074
2:00	0.818298	0.774938	0.74666	0.740603
3:00	0.797211	0.752238	0.758308	0.729663
4:00	0.823658	0.697805	0.76813	0.724547

续上表

时间	路段			
	武宿—小店互通	罗城互通—古城营	武宿互通—长风	黄寨—阳曲互通二号跨线桥
5:00	0.828655	0.791297	0.755222	0.744652
6:00	0.849983	0.783592	0.80762	0.756515
7:00	0.849782	0.791857	0.84993	0.837993
8:00	0.872768	0.866727	0.888863	0.884133
9:00	0.919855	0.913133	0.909927	0.925908
10:00	0.916189	0.925619	0.922194	0.925835
11:00	0.925868	0.921229	0.927707	0.914871
12:00	0.930102	0.918536	0.928348	0.926391
13:00	0.9325	0.907776	0.920066	0.914548
14:00	0.934051	0.933875	0.93255	0.922285
15:00	0.941068	0.930186	0.927151	0.910098
16:00	0.924477	0.912465	0.92735	0.926198
17:00	0.927412	0.91489	0.922934	0.926645
18:00	0.913106	0.917455	0.908699	0.904733
19:00	0.899527	0.880489	0.889318	0.883754
20:00	0.895699	0.864456	0.867514	0.853786
21:00	0.864954	0.861498	0.828132	0.850463
22:00	0.830597	0.835355	0.773107	0.820959
23:00	0.814976	0.793548	0.776788	0.816469

2011年1月流量最大的前20个收费站每小时的预测精度(四) 表7-4

时间	收费站							
	长风	小店	旧关	松庄	杨家峪	晋城东	忻州	晋城
0:00	0.629722	0.700958	0.797515	0.620852	0.613683	0.768938	0.505047	0.618464
1:00	0.570199	0.684253	0.791677	0.505518	0.507449	0.702911	0.572918	0.529038
2:00	0.660018	0.63589	0.755146	0.473621	0.509287	0.697005	0.46165	0.490682
3:00	0.556492	0.618464	0.792747	0.541321	0.502647	0.660764	0.453395	0.484411
4:00	0.5467	0.61357	0.782838	0.622634	0.429575	0.599563	0.401902	0.454951
5:00	0.545795	0.622335	0.754683	0.57545	0.48534	0.659286	0.493326	0.479221
6:00	0.649564	0.712979	0.759286	0.64805	0.630734	0.746715	0.566445	0.55928
7:00	0.800948	0.758091	0.800543	0.832331	0.777537	0.776747	0.7227	0.789916
8:00	0.903431	0.831974	0.821477	0.877572	0.84154	0.827168	0.754645	0.835648

续上表

时间	收费站							
	长风	小店	旧关	松庄	杨家峪	晋城东	忻州	晋城
9:00	0.895808	0.885762	0.859982	0.939501	0.917277	0.879875	0.858923	0.895825
10:00	0.934159	0.91198	0.87998	0.930066	0.928247	0.865283	0.897839	0.902438
11:00	0.935388	0.908913	0.86218	0.896335	0.901504	0.849841	0.892983	0.886094
12:00	0.91104	0.898128	0.886326	0.902707	0.880267	0.877353	0.871641	0.893234
13:00	0.91354	0.908735	0.878273	0.905129	0.891913	0.871546	0.869924	0.872609
14:00	0.929769	0.919163	0.874942	0.921169	0.909106	0.863112	0.887698	0.875321
15:00	0.932413	0.922559	0.901485	0.913854	0.913913	0.879245	0.898956	0.892701
16:00	0.91601	0.932442	0.87721	0.894992	0.900007	0.893605	0.890157	0.888268
17:00	0.906757	0.920869	0.879039	0.852391	0.913603	0.888551	0.884842	0.878659
18:00	0.906797	0.912613	0.855221	0.710599	0.89011	0.864036	0.867943	0.878688
19:00	0.886989	0.907769	0.848274	0.797655	0.859428	0.85946	0.85113	0.849352
20:00	0.86479	0.860082	0.813465	0.842467	0.830066	0.859439	0.82899	0.81914
21:00	0.819303	0.809725	0.849003	0.776132	0.812467	0.844527	0.794337	0.748458
22:00	0.802796	0.80541	0.828088	0.753474	0.733527	0.811556	0.775155	0.755236
23:00	0.703337	0.757684	0.795806	0.699759	0.72582	0.80165	0.718647	0.665956

2011年1月流量最大的前20个收费站每小时的预测精度(五)　　表7-5

时间	收费站							
	临汾	朔州	军渡	罗城	平定	高平	离石西	龙门大桥
0:00	0.675388	0.574367	0.69191	0.662164	0.695512	0.625231	0.639295	0.745679
1:00	0.665711	0.573302	0.698097	0.668267	0.696354	0.504031	0.608254	0.680196
2:00	0.598776	0.634519	0.728496	0.577811	0.664701	0.466019	0.602958	0.764504
3:00	0.594206	0.582289	0.708762	0.598898	0.628761	0.4472	0.508717	0.734045
4:00	0.60964	0.467473	0.73429	0.626651	0.656771	0.396244	0.638723	0.720839
5:00	0.598613	0.567197	0.661739	0.648621	0.667952	0.5138	0.523053	0.745757
6:00	0.490955	0.554115	0.635281	0.636351	0.648158	0.603056	0.56351	0.700013
7:00	0.693408	0.652831	0.583953	0.729706	0.671139	0.796711	0.676069	0.718589
8:00	0.77166	0.795422	0.690545	0.727257	0.766578	0.796475	0.759139	0.754389
9:00	0.845984	0.820975	0.664905	0.817717	0.794996	0.833442	0.808916	0.796782
10:00	0.888504	0.857623	0.701738	0.846293	0.814467	0.872954	0.822286	0.826666
11:00	0.867703	0.857133	0.70895	0.865594	0.814557	0.877695	0.82602	0.822521
12:00	0.876383	0.861033	0.757376	0.850069	0.820993	0.851216	0.802213	0.817753

续上表

时间	收费站							
	临汾	朔州	军渡	罗城	平定	高平	离石西	龙门大桥
13:00	0.881566	0.823592	0.726696	0.851071	0.810593	0.84623	0.81995	0.863876
14:00	0.871412	0.86956	0.652537	0.883373	0.843324	0.840491	0.79076	0.849919
15:00	0.890882	0.869508	0.708986	0.885048	0.854213	0.88557	0.796329	0.848728
16:00	0.892439	0.871869	0.693543	0.858502	0.826634	0.880016	0.813801	0.821943
17:00	0.865146	0.863033	0.720789	0.868483	0.799165	0.886592	0.828948	0.836609
18:00	0.868108	0.877245	0.746251	0.868463	0.834678	0.847909	0.787799	0.795852
19:00	0.854125	0.821378	0.711355	0.827248	0.805648	0.823433	0.824156	0.766368
20:00	0.846247	0.794491	0.711462	0.758109	0.770778	0.795629	0.782178	0.793663
21:00	0.847591	0.750941	0.708263	0.776346	0.762051	0.775162	0.687484	0.789577
22:00	0.80659	0.678208	0.709167	0.749334	0.752315	0.664135	0.704586	0.731901
23:00	0.75241	0.651686	0.7169	0.704679	0.745078	0.643275	0.621456	0.762437

2011 年 1 月流量最大的前 20 个收费站每小时的预测精度（六）　　表 7-6

时间	收费站			
	迎西	丈子头	阳城	峪头
0:00	0.537193	0.584587	0.576714	0.571499
1:00	0.492623	0.434511	0.519751	0.462907
2:00	0.441138	0.47921	0.42803	0.45839
3:00	0.404762	0.435194	0.368047	0.448087
4:00	0.462405	0.457891	0.368398	0.588419
5:00	0.434077	0.508099	0.478711	0.467852
6:00	0.530662	0.559461	0.487898	0.586311
7:00	0.696517	0.678083	0.719443	0.712206
8:00	0.818819	0.778366	0.787097	0.762173
9:00	0.867772	0.849651	0.877822	0.875276
10:00	0.866946	0.846264	0.857712	0.848089
11:00	0.875429	0.851257	0.870885	0.864875
12:00	0.862281	0.84569	0.799049	0.859265
13:00	0.847214	0.842133	0.863623	0.854667
14:00	0.845064	0.837279	0.857173	0.848875
15:00	0.876372	0.854621	0.885049	0.854452
16:00	0.846164	0.860228	0.874312	0.845173

续上表

时间	收费站			
	迎西	丈子头	阳城	峪头
17:00	0.851806	0.838908	0.85464	0.85654
18:00	0.847563	0.847905	0.78835	0.849621
19:00	0.855736	0.80125	0.830371	0.832903
20:00	0.806193	0.716627	0.801082	0.769817
21:00	0.739467	0.728332	0.719688	0.711973
22:00	0.646957	0.692991	0.703006	0.683323
23:00	0.574321	0.526176	0.573296	0.636499

7.3 基于深度信念网络的学习

近年来,随着深度学习的不断进步,深度神经网络在诸如图像、语音等分类任务中取得了很大成功。深度学习通过使用非监督方法和无标注的数据预先训练出多层神经网络来学习特征表示,之后使用监督方法和标注数据对模型进行"微调"来达到更好的预测结果。

7.3.1 深度信念网络

DBN 深度信念网络是深度学习中使用最多的模型之一。它是一种栈式 RBM(受限的玻尔兹曼机),即由多个 RBM 构成,每一个仅包含一个隐藏层。每一个 RBM 的激活输出层作为下一个 RBM 的输入。通过让深度信念网络每次只学习单个隐层,Hinton 为 DBN 的学习提出了一种高效的方法。

具体地,如图 7-7 所示,在训练时,Hinton 采用了逐层无监督的方法来学习参数。首先把数据向量 x 和第一层隐藏层作为一个 RBM 训练出这个 RBM 的参数(连接 x 和 h_1 的权重,x 和 h_1 各个节点的偏置等),然后固定这个 RBM 的参数,把 h_1 视作可见向量,把 h_2 视作隐藏向量,训练第二个 RBM,得到其参数,然后固定这些参数,训练 h_2 和 h_3 构成的 RBM。

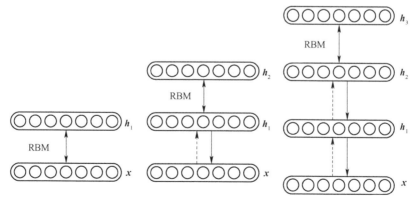

图 7-7 多层 RBM 训练示意图

RBM 可以视为一种特殊类型的马尔可夫随机场,也可以认为是无向图模型的一种。可见变量 v 通过无向加权边和一个随机的隐变量 h 建立联系,但可见变量之间没有边,隐变量之间也没有边,即 RBM 受限的约束条件。模型通过能量函数 $E(v,h,\theta)$ 定义在 v、h 上的概率分布 $P(v,h)$。假设一个 RBM 是二值型的,则有:

$$-\lg P(v,h) \propto E(v,h;\theta) = -\sum_{i=1}^{|V|}\sum_{j=1}^{|H|}\omega_{ij}v_i h_j - \sum_{i=1}^{|V|}b_i v_i - \sum_{j=1}^{|H|}a_j h_j \quad (7-5)$$

式中: θ ——参数集合 $\theta = (\omega,b,a)$;

ω_{ij} ——可见单元 i 和隐藏单元 j 之间的连接权重;

b_i、a_j ——偏置;

$|V|$、$|H|$ ——可见层和隐藏层单元的数量。

当固定 v 和 h 时,条件概率分布可以表示为式(7-6)和式(7-7):

$$p(h_j \mid v;\theta) = \text{sigm}\Big(\sum_{i=1}^{|V|}\omega_{ij}v_i + a_j\Big) \quad (7-6)$$

$$p(v_i \mid h;\theta) = \text{sigm}\Big(\sum_{j=1}^{|H|}\omega_{ij}h_j + b_i\Big) \quad (7-7)$$

式中,$\text{sigm}(x) = [1/(1+e^{-x})]$ 表示 sigmoid 激活函数,$\theta = (\omega,b,a)$ 可以通过对比散度的方法有效地进行学习。

在此基础上,可以把多个 RBM 组成一个深度信念网络。

在交通流预测领域,传统方法在结构上比较简单,常用的时间序列方法只适用线性结构,而神经网络由于训练比较困难通常只包含一个隐层,很难进行有效的学习;此外,许多机器学习方法的有效性依赖于特征工程,需要一定的先验知识。而随着深度学习的发展,行之有效的多层神经网络的训练方法已经得到应用。

这里,通过非监督的方法训练多层的 DBN 来自动学习特征,并在 DBN 上层增加一个回归层来预测交通量。模型结构如图 7-8 所示。

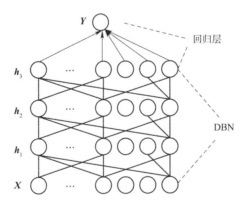

图 7-8　DBN + Regression 模型

输入空间 X 表示原始数据,使用 $|O|$ 个观测站点的前 K 个时间段的交通量作为输入,则输入空间大小为 $|O|*K$,参数 K 是模型中唯一需要先验知识进行学习的。同时,对输入交通量归一化为 $[0,1]$ 的值。输入 X 表示为 $X = \{X_i^t \mid t \in T, i \in O\}$,$X_i^t$ 表示观测站 i 在 t 时刻的

归一化后的交通量。

需要注意的是,这里使用服从高斯噪声分布的隐层单元来替代二值型 RBM 中的隐藏单元。能量函数和概率分布函数如下:

$$-\lg P(\boldsymbol{v},\boldsymbol{h}) \propto E(\boldsymbol{v},\boldsymbol{h};\theta) = \sum_{i=1}^{|V|} \frac{(v_i - b_i)^2}{2\sigma_i^2} - \sum_{j=1}^{|H|} a_j h_j - \sum_{i=1}^{|V|}\sum_{j=1}^{|H|} \frac{v_i}{\sigma_i} h_j \omega_{ij} \quad (7-8)$$

$$p(h_j | \boldsymbol{v};\theta) = \text{sigm}(\sum_{i=1}^{|V|} \omega_{ij} v_i + a_j) \quad (7-9)$$

$$p(v_i | \boldsymbol{h};\theta) = N(b_i + \sigma_i \sum_{i=1}^{|H|} h_j \omega_{ij}, \sigma_i^2) \quad (7-10)$$

式中:σ_i——可见单元的标准差。

将 DBN 视为特征学习模型,每一层认为是特征非线性变换,DBN 的最上层提取到最有效的特征表示为 $H^p = \{h_1^p, h_2^p, \cdots, h_m^p\}$,$p$ 表示最上层,m 表示最上层的特征个数之后,在 DBN 基础上,增加回归层用于交通流预测,DBN 学习到的特征表示即作为回归层的输入,回归层输出 Y 即对收费站点交通流的预测。

7.3.2 多任务学习

多任务学习(MTL)和单任务学习(STL)相对。多任务学习通过利用任务之间的信息从而同时学习多个目标任务。并行的学习多个任务可以利用相关任务之间的信息提升对单个任务的学习能力,即相关任务能够彼此促进从而更加有效地学习。

多任务学习中,按照任务类型是否相同可以分为同类型多任务学习(Homogeneous)和异类型(Heterogeneous)多任务学习。异类型多任务学习也可以视为数据源不同的任务。

在一个交通系统中,所有的路段和出入口收费站相互连接,在路段和收费站之间有许多共同的信息,虽然路段和收费站的交通量在数量级和变化趋势上不同,但它们在同一交通系统中高度相关。车辆通过收费站进入和离开高速公路,路段上流量和进入、驶离高速公路段的车流量有关,因此,路段和收费站有许多共同信息可以利用。

基于上述考虑,可以使用多任务学习的思路同时预测多个路段的交通量。同时,路段和收费站交通量的预测可以视为异类型多任务学习,如图 7-9 所示。

7.3.3 基于深度信念网络和多任务学习的交通量预测

结合 7.3.2 节中多任务学习,可以将单任务的交通流预测推广为多任务交通流预测(图 7-10)。

多任务学习中,关键问题是任务的分组。只有相关的任务会对彼此的学习有促进作用,即共享特征权重对相关任务学习是有效的,不相关的任务之间则没有。多任务分组即找到最好的任务分组,从而使得学习效果最优。

同一交通系统中交通量是高度相关的,故最简单的方法是将所有站点和路段分为一组。这种方法能在一定程度上提高预测效果,但明显不是最好的分组方法。许多聚类方法可以有效地应用于任务分组。同样地,可以根据空间距离将邻近的路段和收费站进行分组,也可以根据路段、收费站流量对任务进行聚类。

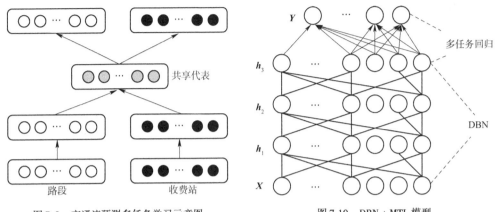

图 7-9 交通流预测多任务学习示意图　　图 7-10 DBN + MTL 模型

但多任务学习是通过权重共享来学习的,使用权重进行聚类可以达到更好的分组效果。对于 DBN 最上层的特征 H^p,对于每一个任务 I,可以得到权重分布 $W_i^p = \{W_1^p, W_2^p, \cdots, W_m^p\}$,具有相似权重分布的任务分到同一组,该组内的任务与 H^p 具有相似的关系,故可以共享更多的信息。这里,使用 K-means 方法按照权重分布对人物进行分组。

7.4 本章小结

交通网络路段的历史和实时通行模式是交通管理与服务的重要指标,可采用数据挖掘方法对高速公路路段通行模式进行分析建模,由高速公路收费数据反演历史和实时的交通流状况。此外,基于深度学习和多任务学习的交通流预测也取得了较好的效果,对于高速公路的有效管理和运用具有非常重要的价值。

本章的研究成果能够直接应用于高速公路的管理、运营和服务。根据反演情况,管理人员可以有效地发现拥堵、疏导交通,同时也能够为用户出行以及长远的交通建设服务,为企业和地区带来较为显著的经济和社会效益,同时也将提升山西省高速公路管理科学化、智能化水平。

科学合理地预测路网上的流量情况,能够准确地掌握路网上未来流量的变化趋势,为其整体规划、分流预测以及事故预警分析等提供基础依据。本系统采用局部加权学习的模型进行流量预测,在面对海量的实时数据下,不仅在准确度,并且在效率上都有着良好的效果。

第8章 突发性事件条件下的动态配流方法

本章首先给出了在突发事件条件下高速公路网动态交通流配流的系统描述,然后给出了配流模型的优化目标和约束条件,接着给出了算法的求解步骤、性能分析和改进方法,最后对突发事件条件下的动态配流方法进行了小结。

8.1 网络流理论概述

网络流(network-flows)是一种解决网络中优化问题的方法。随着网络流的理论和应用的不断发展,出现了具有增益的流、多终端流、多商品流以及网络流的分解与合成等新课题。

网络流是图论中的一种理论与常用方法,用于研究网络上的最优化问题。1955 年,T. E. 哈里斯首先在研究铁路最大运输量时提出了在一个给定的网络中寻求两点间最大运输量的问题。1956 年,L. R. Ford 和 D. R. Fulkerson 等给出了解决这类问题的算法,从而建立了网络流理论。

网络或容量网络指的是一个连通的赋权有向图 $D = (V、E、C)$,其中 V 是该图的顶点集,E 是有向边(即弧)集,C 是弧上的容量。此外,顶点集中包括一个起点和一个终点。网络上的流就是由起点流向终点的可行流,它是定义在网络上的非负函数,它一方面受到容量的限制,另一方面除去起点和终点以外,在所有中途点要求保持流入流量等于流出流量。如果把图 8-1 看作一个公路网,顶点 $V_1 \sim V_6$ 表示 6 个城镇,每条边上的权数表示两城镇间公路的长度。假设现在要求得从起点 V_1 将物资运送到终点 V_6,应选择哪条路线才能使总运输距离最短?这一类问题统称为最短路问题。如果把图 8-1 看作一个输油管道网或计算机通信网络,V_1 表示发送点,V_6 表示接收点,其他点表示中转站,各边的权数表示该段通道的最大输送量。假设现在要求安排输油线路使从 V_1 到 V_6 的总运输量最大。这一类问题统称为最大流问题。

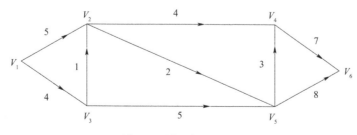

图 8-1 网络流方法示意图

最大流理论是由 Ford 和 Fulkerson 于 1956 年创立的,他们证明了最大流的流值等于最小割的容量这一定理,并根据这一定理设计了用标号法求最大流的方法,后来又有人对该方法加以改进,使得求解最大流的方法更加丰富和完善。近年来,网络流的理论和应用不断地发展,大量学者针对具有增益的流、多终端流以及网络流的分解与合成等开展了大量研究。目前最大流理论已经被大量应用于通信、运输、电力、工程规划、任务分配、设备更新以及计算机辅助设计等多个领域。

不过,在上述领域中使用最大流理论来解决问题时,并不涉及费用的问题,因此无论从哪一条路径得到最大流,都不会影响其结果的有效性。但是在实际生活中,交通流与费用息息相关。尤其是在高速公路领域,除了常见的路段行程时间外,还有过路费等费用类型。因此,为了满足高速公路领域的实际需求,在求解最大流的基础上,还要考虑到使费用最小。所以在模型建立的过程中,除了最大流理论,还需要借鉴最小费用流理论的思想。

8.1.1 最大流理论

最大流问题在不同的学科领域都能起到重要的作用,因此,近 50 年来针对网络最大流的研究已有非常丰富的成果,学者们提出了一系列的求解最大流算法。目前的求解算法主要分为两大类:一类是通过路径推进流量的增广链算法,其中应用最广泛的算法有 Ford-Fulkerson 算法以及 Dinic、Edmonds-Karp 分别提出的最短增广路算法;另一类是预留推进算法,这种算法通过边推进流量,并能够返回多余流量。这类方法目前应用最广泛的有 Karzanov 的分层网络阻塞流算法以及在这种算法的基础上由 Goldberg 和 Tarjan 提出的改进推进重标号的算法等。

在上述提到的算法中,Ford-Fulkerson 算法的复杂度为 $O(F|E|)$,当节点数或最大流流量非常大时,则算法效率较低。在其他各类最大流算法中,Dinic 算法是实现较简单而实际运行速度比较快的算法。其理论最大算法复杂度为 $O(E*|V|^2)$。不过,该算法在实际应用中速度非常快,很多时候即便图的规模比较大也不会影响其速度。基于上述特点,本书选择 Dinic 算法来求解模型中的最大流问题。

为简要描述 Dinic 算法的流程,需要先介绍顶点的层次和层次网络的概念。在残留网络中,从源点 S 到顶点 U 的最短路径长度(该长度指的是路径上边的数量,与容量无关)成为顶点 U 的层次,其中源点 S 的层次为 0。将残留网络中所有顶点的层次标记出来的过程称为分层。对残留网络分层后,删去比汇点 T 层次更高的顶点以及和汇点 T 同层的顶点(保留汇点 T),并删除与这些顶点相关联的弧,再删去从某层顶点指向同层顶点和低层顶点的弧,剩余的各条弧的容量与残留网络中的容量相同,这样得到的网络就是残留网络的子网络,称为层次网络。

Dinic 算法的具体步骤如下:

(1)初始化容量网络和网络流。

(2)构造残留网络和层次网络,若汇点不在层次网络中,则算法结束。

(3)在层次网络中使用一次深度优先搜索(Depth-First-Search,DFS)过程进行增广,DFS 执行完毕,该阶段的增广也执行完毕。

(4)转到步骤(2)。

8.1.2 最小费用流理论

最小费用流问题也称最小费用最大流问题,是基本的网络流模型之一。传统的最小费用最大流问题是指在一个给定的网络中,求某指定源点到汇点费用最小的最大流。

解决最小费用最大最大流问题,一般有两种方法。一种方法是先用最大流算法算出最大流,然后根据边费用,检查是否有可能在流量平衡的前提下通过调整边流量,使总费用得以减少。只要有这个可能,就进行这样的调整。调整后,得到一个新的最大流。其思路是保持问题解的可行性,即始终保持最大流,再向最优推进。另一种方法则是先找到一条零流,该流费用为零,满足费用最小。然后开始寻找增流的可能,直到无法找出为止。这种方法的思路是保持解的最优性,即始终保持最小费用流,然后再逐渐向可行解靠近。

最早的最小费用流算法是 Edmonds 和 Karp 在 1972 年提出的。此后相继有多种最小费用流算法被提出。1997 年,Orlin 提出了第一个网络单纯形算法。L. R. Ford 和 D. R. Fukerson 提出了关于最小费用流问题的迭加算法。Jianzhong Zhang 提出了依次解决一般 LP 问题的算法。此方法基于线性规划(LP)问题的最优条件,并把最小费用流问题的反问题作为这种方法的一个特例,通过一系列线性规划转换,把最小费用流问题的反问题转换为最小费用循环流问题,得到了一种强多项式时间代价的算法。谢政、汤泽滢等首次提出了带模糊约束的最小费用流问题,建立了相应的数学模型,并给出了求解这一模型的算法。

对于传统的最小费用流算法,因为图中可能存在负权边,无法使用 Dijkstra 算法求最短路,需要使用 Bellman-Ford 算法,所以对于最多执行 F 次 Bellman-Ford 算法的最小费用流算法,其复杂度为 $O(F|V|E)$。这种复杂度使得该方法不适用于大规模网络。因此,有学者引入了势的概念,使得网络可以改用 Dijkstra 算法来求解最短路,从而提高效率,降低复杂度。本书就采用这种算法来求解模型的最小费用流问题。

8.2 网络流模型适用性分析

通过比较网络流方法与高速公路网的特点(表8-1),首先从理论角度简要分析网络流方法在高速公路网动态配流领域是否适用。

网络流理论适用场景与高速公路网特点对比 表8-1

网络流理论	高速公路网
有向图	有向图
单一源点或单一汇点	多个源点和多个汇点
存在边权作为费用	可以定义多种边权
边的容量限制,流量不能大于限制	流量可以大于最大通行能力
除源点、汇点的节点不能有流量流入、流出路网	所有收费站都允许流量流入和流出路网

一般的网络流理论应用场景有如下:①整个图为有向图;②单一源点,单一汇点;③当每

条边都有传输费用时,可以用最小费用流算法求解最小费用最大流;④每条边都有流量限制,即容量;⑤除源点、汇点外的节点都不存在系统外流入、流出的流量,其中,最大流方法的目标是已知各边容量和流量,求解从源点到汇点的最大流量,而最小费用流方法的目标是传输流量为 F 的条件下最小化传输的费用。

从高速公路网的应用场景上看,按如下五个方面进行对比分析:

(1)高速公路网为有向图,满足需求网络流模型的需求。

(2)显然高速公路网络为典型的多源多汇网络,且源和汇之间有对应关系。在网络流理论中,这种场景是典型的 NP 难问题,尚未有已知的高效算法。因此,需要结合高速公路网的特点对配流问题进行拆分。此处是利用网络流理论进行动态配流模型建模需要解决的关键问题之一。

(3)高速公路网的每条边都存在传输费用。根据情况的不同,费用可以是通行时间,也可以是路段通行费,甚至可以定义其他更高阶的指标为费用来求解最小费用流。

(4)高速公路网的每条边都有流量限制,表面上看也满足需求。实际上,相比传统网络流方法应用的领域,高速公路网中的边流量限制并不严格,尤其是真实数据中,存在大量实际流量大于最大通行能力但是路段依然保持可以通行的情况。为保证配流结果的实用性以及尽可能接近真实情况下的最优解,此处是利用网络流理论进行动态配流模型建模需要解决的关键问题之二。

(5)除源点外的节点都不存在系统外流入的流量。除交叉口外(或称为枢纽),高速公路网中的其他节点都允许流量流入,并不严格符合网络流理论应用的场景,此处是关键问题之三。

从应用场景来看,只要能解决上述三个关键问题,高速公路网动态配流就是符合网络流理论应用要求的。

从求解目标来看,最大流算法和最小费用流算法非常契合高速公路网络动态配流的需求。基于路网实时运行态势,计算入口收费站到出口收费站的最大流,可以明确得到事件条件下各入口收费站的限流情况,为交通流管控决策提供依据。而最小费用流算法可以准确地求得各个路段上在事件条件下费用最小时的最大流量,为交通流组织决策提供依据,帮助尽可能多的车辆在尽可能短的时间内通过事件区域。

从上述简要分析可以看出,不论是应用场景,还是求解目标,只要针对高速公路网的特点进行一定的变化,就可以使用最小费用流和最大流模型的思想实现路网交通流动态分配。

8.3 网络流模型的改进

通过分析网络流理论在高速公路领域的适用性发现,针对网络流的动态分配模型主要需要解决如下三个关键问题:①如何在多源多汇网络中高效求解最大流和最小费用流;②如何应对实际情况中路段可能存在超饱和流量;③如何应对网络中的节点允许从系统外流入流量。其中,第三个问题的解决方式在解决多源多汇问题时进行描述。

8.3.1 多源多汇问题

传统网络流主要应用于只有一个源点和一个汇点的网络,求解这两点间的最大流或最小费用流。而高速公路网显然是一个有多个源点和汇点的应用场景,并且源点和汇点之间存在对应关系,即从不同源点流出的流量要求流入指定的汇点(OD 矩阵)。这种情况是无法直接求解的,也尚无已知的高效算法。

如图 8-2 所示,对于源点和汇点没有对应关系的多源多汇网络,解决思路是加入虚拟源点和虚拟汇点,将其转化为单源单汇网络。在本书研究中,结合高速公路网络稀疏的特点以及动态配流的应用需求,借鉴这种思路寻找解决问题的办法。

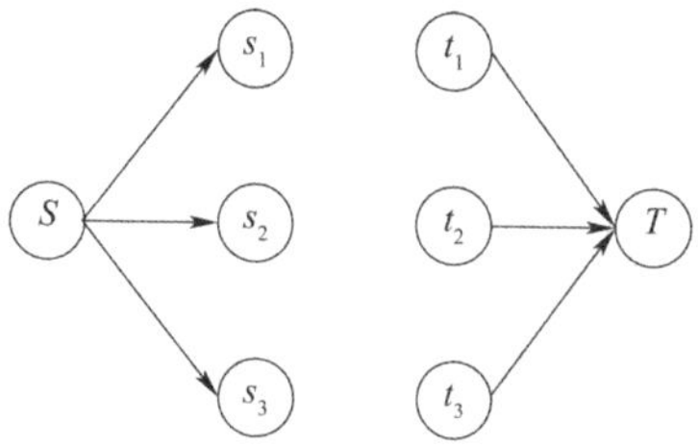

图 8-2 虚拟源点和虚拟汇点示意图

目前,可以求解最小费用流或最大流的网络只有单源单汇、多源单汇或单源多汇网络。因此,可以考虑把多源多汇的路网拆分成其他形式。高速公路的特殊性保证了这种拆分的可行性。首先,由于完整 OD 的存在,只要按照一定的规则进行拆分,拆分后的网络就依然保留着 OD 的对应信息。其次,通过路段流量的限制,被拆分的源点之间可以在路段上产生联系。虽然在求解时不如直接求解多源多汇网络那样,同步考虑所有的源点,但是还是结合路网信息尽可能引入了源点间的影响,并保证了算法的效率。即通过拆分网络再求解的方式,虽然得到的并不是最优解,但是在最优和求解的可行性之间进行了合理的平衡。具体到高速公路网来说,可以按照 OD 进行逐一配流,再将配流结果在路段上叠加。这样相当于对多个单源单汇网络使用最小费用流或最大流算法。也可以根据入口收费站逐一配流,再将配流结果叠加。这样相当于在多个单源多汇网络中进行配流。在两种拆分方式解的精度相差不大的情况下,需要通过比较两者之间的性能来选择模型。如图 8-3 所示,当节点数达到 300 时(近似为一个省高速公路网总节点数),单源单汇方式运行时间已经超过 11min,已经无法满足实际需求。而单源多汇的拆分方式显然更适应大规模路网。

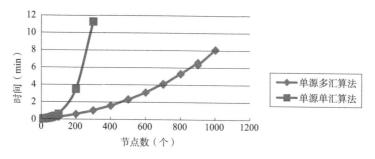

图 8-3 单源单汇拆分与单源多汇拆分效率比较

根据上述分析,可以对高速公路网进行拆分。遍历入口收费站,逐一建立路网,在每个路网中都加入虚拟汇点 T,并在所有出口收费站处增加一条指向 T 点的有向边,边容量等于当前限流的收费站到对应出口收费站的 OD 流量。其他边的容量依然是路段最大通行能力时的流量减去实时流量。在此新图中计算从入口收费站到 T 点的最大流或最小费用流即可。

当对路网进行单源多汇拆分时,由于每一个入口收费站都会进行一次单源多汇网络的最小费用流算法和最大流算法,分别用于计算路段最优流量和入口限流情况,因此,对于每个被计算的单源多汇网络,其余节点是没有流量流入的,只有流量流出。这样在解决多源多汇问题的同时,一并解决了非源汇节点有流量流入或流出网络的问题。

8.3.2 超饱和流量

不论是水流还是通信网络,传统的网络流理论应用领域中,边流量都严格小于流量限制,不会出现流量大于限制的情况。但是在高速公路网中,在流量较大的时候经常出现路段实时流量已经超过路段设计通行能力的情况,虽然平均速度下降,但依然可以通行。在模型的求解过程中,超出容量的流量可能导致传统的最大流算法或最小费用流算法求解无法进行。在实际应用中,如果对路段的配流在严格按照达到最大通行能力后就停止,那么可能会导致较多的车辆不能被分配到通行距离最短的绕行路径上,既不能求得真正的最大流或最小费用流,也不符合实际应用情况。

对于这种情况,单纯地放大边的流量限制是不科学的,在实际应用中也会出现其他的问题,因此本书研究中采用将边离散化的方法来解决。对于路段流量已经超过路段最大通行能力流量的路段,加入 K 条该路段的平行边进入网络。每条边的容量都通过路段最大通行能力减去实时流量除以 K 以后的离散流量来得到。其中, K 值越大准确度越高,但是算法复杂性也会增加。结合实际应用需求,本书研究中对于需要离散化的路段通常选择 $K=10$ 。

通过上述离散处理,可以解决高速公路网路段流量超过最大通行能力时配流算法的有效性问题,并且离散化以后的边容量和费用都可以轻易求出。

8.4 基于网络流的动态建模

在定义优化目标之前,首先给出若干变量的定义。用有向图 G 表示用于配流的高速公路网, N 为图中所有的节点集合,其中节点包含收费站和交叉口。O 为图中所有源点集合,即配流路网中可以驶入高速公路网的收费站的集合。D 为图中所有汇点的集合,即配流路网中可以驶离高速公路网的收费站集合。A 表示图中所有有向边的集合,即相关研究中定义的原子路段的集合。$A(k)$ 表示以 k 节点为起点的原子路段集合, $B(k)$ 表示以 k 节点为终点的原子路段的集合。模型中需要引入的其他变量定义如表 8-2 所示。

标量定义与解释　　　　　　　　　　　　　　　　表 8-2

符号	解释
Δt	离散化以后的时间片段。根据高速公路联网收费数据的特点,在本书研究中一般选用 15min
t_0	开始进行交通流动态分配的时刻
$x_a(t)$	t 时刻路段 a 上的流量
$x_a^{o,d}(t)$	t 时刻路段 a 上以 o 为源点, d 为汇点的流量

续上表

符号	解释
$c_a[x_a(t)]$	当路段 a 的流量为 $x_a(t)$ 时,路段 a 的通行时间
$u_a(t)$	在 $[t, t+\Delta t]$ 时间里,流入路段 a 的流量
$u_a^{o,d}(t)$	在 $[t, t+\Delta t]$ 时间里,流入路段 a 的以 o 为源点、d 为汇点的流量
$g_a[x_a(t)]$	在 $[t, t+\Delta t]$ 时间里,路段 a 关于路段流量的流出率函数
$g_a^{o,d}[x_a(t)]$	在 $[t, t+\Delta t]$ 时间里,路段 a 上以 o 为源点、d 为汇点的关于路段流出率函数
$I_k(t)$	在 $[t, t+\Delta t]$ 时间里,通过节点 k 从高速公路系统外流入的流量
$I_k^d(t)$	在 $[t, t+\Delta t]$ 时间里,通过节点 k 从高速公路系统外流入且终点为 d 的流量
$S_k(t)$	在 $[t, t+\Delta t]$ 时间里,通过节点 k 流出高速公路系统的流量
$S_k^o(t)$	在 $[t, t+\Delta t]$ 时间里,来自起点 o 且通过节点 k 流出高速公路系统的流量
$S_d^o(t, t_0)$	在 $[t_0, t_0+\Delta t]$ 的时间内,以 o 为起点流入高速公路系统并通过节点 k 在 $[t, t+\Delta t]$ 时间内流出高速公路系统的流量

8.4.1 路段流出率函数

在静态交通分配领域,并不存在路段流出率函数这个概念,该函数是动态交通分配模型的特殊与关键之处。这种情况可以从两个角度来解释。从数据角度看,静态交通分配通常使用的是日平均交通量,车辆驶入和驶出的情况完全已知,而动态交通分配的应用场景导致其使用的是路网实时流量,此时并不知道车辆驶出路段的信息。从原理上看,静态交通分配不需要考虑交通的时变性,而动态交通分配与其最大的区别就是将交通的时变性考虑其中。路段流出率函数正是交通时变性的重要呈现方式。

合理的路段流出率函数能够保证车辆在给定的通行时间内完成行程。即若车辆在 t 时刻驶入路段 a,则此时的路段流出率函数应该能够保证车辆在 $t+c_a(t)$ 时刻离开。

如上文定义,$g_a^d(t)$ 为 t 时刻流出路段 a 且驶向终点 d 的车辆数,$u_a^d(t)$ 为 t 时刻进入路段 a 且驶向终点 d 的车辆数,则有:

$$\begin{cases} \dfrac{\mathrm{d}u_a^d(t)}{\mathrm{d}t} = U_a^d(t) \\ \dfrac{\mathrm{d}g_a^d(t)}{\mathrm{d}t} = G_a^d(t) \end{cases} \tag{8-1}$$

对于 $\forall a, s, t$,有 $u_a^d(0) = 0, g_a^d[x_a(0)] = 0$,则:

$$x_a^d(t) = u_a^d(t) - g_a^d(t) \tag{8-2}$$

根据先进先出规则(即 FIFO),可得:

$$u_a^d(t) = g_a^d[t + c_a(t)] \tag{8-3}$$

对上式微分可得:

$$\begin{cases} u_a^d(t) = g_a^d[t+c_a(t)] \cdot \left[1 + \dfrac{\mathrm{d}c_a^d(t)}{\mathrm{d}t}\right] \\ \dfrac{\mathrm{d}x_a^d(t)}{\mathrm{d}t} = g_a^d[t+c_a(t)] \cdot \left[1 + \dfrac{\mathrm{d}c_a^d(t)}{\mathrm{d}t}\right] - g_a^d(t) \end{cases} \tag{8-4}$$

对两边积分可得：

$$x_a^d(t) = \int_t^{t+c_a(t)} g_a^d(w)\,\mathrm{d}w \tag{8-5}$$

式(8-5)即为根据路段实时通行时间函数所建立的路段流出率函数的严格形式,并且适用于多汇点的交通网络。当路段流出率随时间变化比较稳定时,有：

$$\begin{cases} x_a^d(t) = g_a^d(w) \cdot [t+c_a(t)-t] \\ g_a^d(t) = \dfrac{x_a^d(t)}{c_a(t)} \end{cases} \tag{8-6}$$

本书中模型的路段流出率函数即采用上述形式。

8.4.2 优化目标

因为前文中所提到的 MN 模型为所有动态系统最优解析模型的基础,如前文所述,事件条件下的动态交通流分配主要目的正是使得整个系统在事件条件下达到最优,因此根据 MN 模型对优化目标函数的定义来描述本书研究使用的优化目标。

从高速公路管理者的角度进行高速公路网动态配流时,常用的控制目标可以是使得总行驶费用最小、总行驶时间最短、总拥挤度最小等。从本书研究面向的情况看,总行驶时间最短更符合实际需求,因此本书中以行驶时间来定义优化目标。目标函数为式(8-7)：

$$\begin{aligned} J &= \min \sum_{t=t_0}^{T} \sum_{a \in A} h_{at}[x_a(t)] \\ &\approx \min \sum_{t=t_0}^{T} \sum_{a \in A} u_a(t) \cdot c_a[x_a(t)] \\ &\approx \min \sum_{t=t_0}^{T} \sum_{o \in O} \sum_{d \in D} \sum_{a \in A} u_a^{o,d}(t) \cdot c_a[x_a^{o,d}(t)] \end{aligned} \tag{8-7}$$

式中：h_{at}——代价函数,本书研究中即配流路网内所有路段总通行时间。

8.4.3 约束条件

与所有的动态配流模型相同,根据高速公路交通流的特点,对于从配流开始时刻起的每一个时间片段,即 $t = t_0, \Delta t_0 + \Delta t, \cdots, T - \Delta t$,都有如下约束条件,其中的变量定义见前文。

(1)后一个时刻路段 a 上的流量为路段 a 流量与流入流量之和减去流出流量：

$$\forall a \in A, x_a(t+\Delta t) = x_a(t) - g_a[x_a(t)] + u_a(t) \tag{8-8}$$

(2)流量守恒约束。即对于任意一个节点,流入该节点的流量与此节点流出量相等;其中流入该节点的流量为上一路段进入流量与此节点产生的新流量的和。当节点为交叉口时,节点不产生流量。当节点为源点时,则该节点上没有从别的路段流入的流量：

$$\forall o \in O, d \in D, k \in N, \sum_{a \in A(k)} u_a^{o,d}(t) = I_k^d(t) + \sum_{a \in B(k)} g_a^{o,d}[x_a(t)] \tag{8-9}$$

(3)对于配流路网中的所有 OD 对,从配流开始时刻 t_0 到配流终止时刻 T 流入系统的流量等于流出系统的流量:

$$\forall o \in O, d \in D, \sum_{a \in A} u_a^{o,d}(t_0) = \sum_{t=t_0}^{T} S_d^o(t, t_0) \tag{8-10}$$

(4)流出系统的总流量等于 OD 矩阵中各个 OD 对流量之和(t' 为从配流开始的某个时间):

$$\forall o \in O, d \in D, \sum_{t'=t_0}^{t} S_d^o(t, t') = \sum_{a \in B(d)} g_a^{o,d}[x_a(t)] \tag{8-11}$$

(5)路段 a 上的流量等于所有经过路段 a 的 OD 对的流量之和:

$$\forall a \in A, \sum_{o \in O} \sum_{d \in D} u_a^{o,d}(t) = u_a(t) \tag{8-12}$$

(6)每一组 OD 在 t 时刻的路段流出量之和等于路段 a 在 t 时刻的路段流出量:

$$\forall a \in A, \sum_{o \in O} \sum_{d \in D} g_a^{o,d}[x_a(t)] = g_a[x_a(t)] \tag{8-13}$$

(7)通过节点 k 流入高速公路系统的流量等于所有以 d 为终点的流入量之和:

$$\forall k \in N, \sum_{d \in D} I_k^d(t) = I_k(t) \tag{8-14}$$

(8)总节点集合包括源点集合、汇点集合和枢纽集合:

$$O \cup D \subseteq N \tag{8-15}$$

(9)根据高速公路交通流的应用实际,所有流量都满足非负约束:

$$x_a(t), u_a^{o,d}(t), I_k^d(t), S_k^o(t), g_a^{o,d}[x_a(t)] \geq 0 \tag{8-16}$$

8.5 网络流动态配流算法

基于网络流的动态交通配流模型,其输入数据主要包括:①根据事件信息和相关研究中提到的事件影响范围模型,重构路网拓扑结构。②原子路段自由流时的车速。③原子路段在自由流下的饱和流量以及达到拥堵的流量。④原子路段实时流量及组成成分。⑤未来 Δt 时间内流入入口收费站的预测流量以及预测 OD 矩阵。最终的输出为从每个路网节点流向连接其的各个流出边的流量以及各原子路段实时最优流量。该算法完全符合传统交通流分配模型的输出结果,并可以直接用于指导后续交通流组织和管控措施的实施。

网络流的动态配流,主要分为以下四个步骤:

(1)根据路网结构和事件信息,对路网进行重构。

(2)根据新的路网结构、路段实时流量、组成成分、自由流通行时间和最大通行能力以及路网收费站未来 Δt 时间内的预测流入高速公路流量,更新实时 OD 矩阵。

(3)根据实时 OD 矩阵及路段实时流量,基于最大流模型,计算出每个收费站的限流情况,再次更新实时 OD 矩阵。

(4)根据实时 OD 矩阵以及路段实时流量基于最小费用流模型,计算每个 OD 对流量的分配方式。

算法流程图如图 8-4 所示。

8.5.1 路网动态重构

因为本书研究提出的模型主要针对影响大范围路网的事件或事故,例如大范围的冰灾、雨雪封路或大雾、泥石流等,所以认为事故发生的路段通行能力为0,路网拓扑结构发生改变,需要重构路网。事故信息包含事故发生的路段和时间,结合路网结构信息,可以重构路网。简单来说,将所有提交的事故路段存入一个队列中,检查队列是否为空;若非空,则取出第一个元素并删除。判断该路段上游路段是否为事故路段,若是,则删除该路段,并重新检查队列是否为空。若不是,则标记该上游路段,并检查该上游路段是否有可以流出高速公路网的节点,若有则结束,若无则检查队列是否为空,持续操作直至队列为空,路网重构完成。

图 8-5 是根据事件信息重构路网的算法流程图。根据事故信息重构路网方法的基本流程如下:

(1)根据路网中事件路段的信息,遍历事故路段。
(2)针对每个事件路段,将其加入一个队列之中,准备进行广度优先搜索。
(3)若队列空则结束,否则取出队列中的第一个元素,并将它从队列中删除,将它记为路段 a。
(4)从路网结构中找出路段 a 的上游路段,如果上游路段不是事故路段,则把上游路段记为路段 b,进入步骤(5);否则进入步骤(6)。

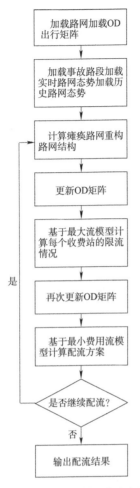

图 8-4 网络流动态配流模型算法流程

(5)如果路段 b 未经过可流出高速公路的收费站或交叉口就进入了路段 a,则把路段 b 加入队列。

(6)把路段 a 从路网内删除并回到步骤(3)。

通过上述方法可以完成对事件路网的重构,并保证路网内各节点的可达性。

8.5.2 更新实时 OD 矩阵

针对事件条件下大范围高速公路网的实时配流,仅知道进出口收费站的 OD 矩阵是不够的,还需要结合各路段车辆组成成分,即组成路段实时流量的单车去向;并需要同步考虑路网内行驶车辆和即将流入路网的车辆,以保证交通流分配结果是合理且可以通过交通控制手段达到的。该步骤保证配流模型既考虑了实时驶入路网的车辆,也考虑到了当时还在路段中行驶的车辆。

遍历事件发生后重构的新路网中所有路段,根据各路段实时流量和 BRP 函数计算各路段当前通行时间并将其保存。根据实际需求,设定动态配流的时间粒度 Δt,例如本书研究中结合高速公路联网收费数据特点选择的 15min。根据路段组成成分计算未来 Δt 时间内到达路段终点的组成成分,最后将其与 Δt 时间内收费站预测进入流量叠加,即可完成对 OD 矩阵的更新。

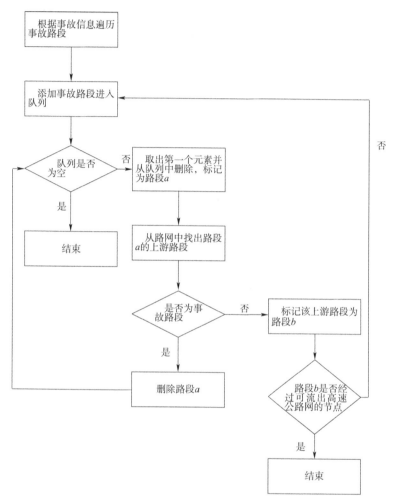

图 8-5　根据事件信息重构路网算法流程

图 8-6 是本研究中更新实时 OD 矩阵方法的流程框图,更新实时 OD 矩阵基本流程包括:

(1)遍历路网中每一个路段,根据其实时流量等信息,基于 BPR 函数,计算路段通行时间,并保存该计算结果。

BPR 函数如下:

$$t_a = t_0\left[1 + \partial\left(\frac{V_a}{Q_a}\right)^\beta\right] \tag{8-17}$$

式中:t_a——a 路段上的阻抗;

t_0——a 路段上车辆自由行驶所需要的时间;

V_a——a 路段上的交通量;

Q_a——a 路段上的最大通行能力；

α、β——根据公式推荐取值分别为0.15、4。

(2)根据 Δt 和路段通行时间以及路段组成成分,按未来到达不同终点 d 的车流量比例计算在未来 Δt 时间内到达路段终点的组成成分。具体按照如下公式计算,得到路段 a 在 $[t,t+\Delta t]$ 时间内终点是 d 的流出量,变量定义如前文所述：

$$\begin{cases} S_a(t) = X_a(t) \cdot \dfrac{\Delta t}{C_a(t)} \\ S_a(d,t) = X_a(d,t) \cdot \dfrac{S_a(t)}{X_a(t)} \end{cases} \tag{8-18}$$

(3)根据收费站未来 Δt 时间内的预测流入高速公路的入口流量和上一步骤计算结果叠加,即可完成对OD矩阵的更新。

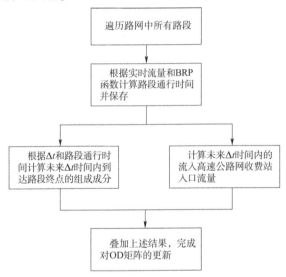

图8-6　更新实时OD矩阵算法流程

8.5.3　计算入口收费站限流

如研究难点部分所述,从网络流的角度看,高速公路网配流是多汇问题,因此需要针对由收费站和交叉口组成的高速公路网建立虚拟汇点并重构路网来解决问题。遍历事故路网中的收费站,加入虚拟汇点,保留路网中原有路段不变并计算其边容量。加入各个收费站到虚拟汇点的边,其容量为起点收费站至该收费站的流量。此时,对所有收费站都求解到虚拟汇点的最大流,并比较最大流和收费站流入流量的关系,以此判断收费站是否需要限制流量以及如何限制。

图8-7是本书研究中计算每个收费站限流情况的算法流程框图,计算每个收费站限流情况的步骤如下：

(1)遍历路网中的每个收费站,针对每个收费站执行步骤(2)~步骤(4),进行新的建图工作。

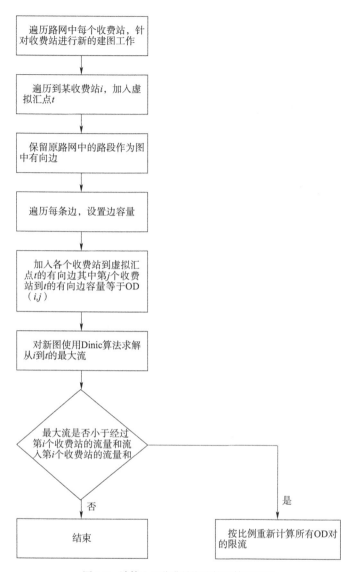

图 8-7　计算入口收费站限流情况算法流程

(2) 设当前遍历到第 i 个收费站。加入虚拟汇点 T。

(3) 保留原路网中的路段作为图中的有向边,并遍历路网中的每条边,设置边的容量为路段最大通行能力的流量减去路段实时流量。

(4) 加入从各个收费站到虚拟汇点 T 的有向边。其中第 j 个收费站到 T 的有向边容量等于 $OD(i,j)$,即 OD 矩阵中第 i 行第 j 列的值。

(5) 对新的图使用 Dinic 算法求解从 i 到 T 的最大流。

(6) 如果计算得到的最大流 $\text{maxFlow}(i)$ 小于流入第 i 个收费站的入口流量与流过第 i 个收费站所在路段的路段流量之和 $\text{sum}(i)$,则按比例重新计算 $OD(i,j)$ 的值,即:

$$OD(i,j) = OD(i,j) \cdot \text{maxFlow}(i)/\text{sum}(i) \tag{8-19}$$

8.5.4 计算路段最优流量

本方法采用先控制流入、再对路网中行驶车辆配流的方式。具体分配时,优化目标可以根据实际需求灵活定义,本书研究中以最短通行时间为例。

实际应用中,定义边的权重,例如时间。和计算入口收费站限流相同,遍历所有的入口收费站,对于每个入口收费站重新建图,并判断目前图中的路段运行状态是否允许向当前路段配流。如果允许,则根据容量和费用,使用最小费用流算法对该组点对配流;如果不允许,则将当前路段离散化,然后计算离散化以后路段的费用和容量,再用最小费用流算法进行配流。直到所有入口收费站配流完毕,得到当前路网各路段的最优流量及费用最小的情况下最大的流量。在本步骤中采用离散化的步骤,是为了以应对某些超饱和流量但是依然可以正常行驶的情况,防止丢失最优解。

本书研究中计算流量分配方式的流程如图 8-8 所示,计算流量分配方式的步骤如下:

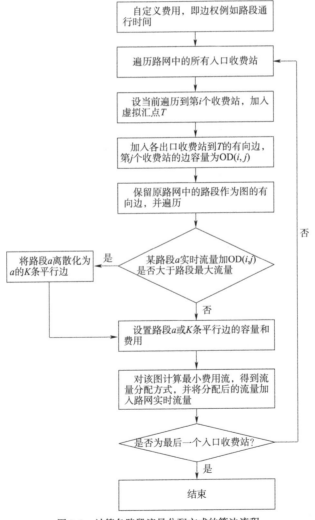

图 8-8 计算各路段流量分配方式的算法流程

(1)遍历路网中的每一个收费站,针对每个收费站执行步骤(2)~步骤(5)进行新的建图工作。

(2)设当前遍历到第 i 个收费站。加入虚拟汇点 T。

(3)加入从各个收费站到虚拟汇点 T 的有向边。其中第 j 个收费站到 T 的有向边容量等于 OD(i,j),即 OD 矩阵中第 i 行第 j 列的值。

(4)保留原路网中的路段作为图中的有向边,并遍历路网中的每条边,对于边 a,如果路段实时流量加上 OD(i,j) 大于或等于路段自由流最大流量,则进入步骤(6);否则设置边的容量为路段自由流的最大流量减去路段实时流量,费用为路段通行时间,进入步骤(6)。

(5)加入 K 条该路段 a 的平行边到图中,每条边的容量为路段最大通行能力减去当前流量再除以 K,对于第 i 条边,其花费计算方法如下:

$$\text{BPR}[i \cdot (Q_a - V_a)/(2 \cdot K) + V_a, Q_a] \tag{8-20}$$

式中:BPR(x,y)——在最大通行能力为 y、前流量为 x 的路段上的经过 BPR 函数计算得到的路段通行时间;其他变量定义如前文所述。

(6)对该图进行最小费用流的计算得到流量的分配方式,并把分配后的流量加入路网的实时流量中,再基于新的实时流量计算下一个收费站的最小费用流,之后进入步骤(2),直至全部计算完成。由此获得从每个路网节点流向各个路段的最优流量和路网内各路段分配后的最优实时流量。

8.6 模型复杂性分析

下面从理论角度分析本书研究提出的基于网络流的事件条件下大范围高速公路网动态配流模型的时间代价。本节中,V 为节点的集合,E 为边的集合,F 为配流总流量,F_i 为第 i 个收费站的流量。

8.6.1 入口收费站限流模型

本研究的入口收费站限流模型使用 Dinic 算法来求解最大流。模型中每运行一次 Dinic 算法的时间复杂度为 $O(|V|^2 \cdot |E|)$,每重构一次路网的时间复杂度为 $O(|E|)$,由于算法是对每一个入口收费站都进行一次重构网络和单元多汇最大流模型计算,所以总体复杂度为 $O(|V|^3 \cdot |E|)$。尽管该理论复杂度的上界看起来比较大,但实际上该算法的上界时间复杂度非常松,而业界结论以及本书的试验都可以说明 Dinic 算法的求解速度是最快的,因此本书研究依然是选择了 Dinic 算法求解最大流。

8.6.2 路段流量优化模型

在求解路段最优流量时,本书研究使用的算法每求解一次最小费用流的时间复杂度为 $O(F_i \cdot |E| \cdot \log|V|)$,每次重构网络的时间复杂度为 $O(|E|)$,由于算法采用对每一个入口收费站都进行一次计算,因此总体复杂度为 $O(F \cdot |E| \cdot \log|V| \cdot |V|)$。

所以从上述分析可知,模型的总体复杂度为 $O(F \cdot |E| \cdot \log|V| \cdot |V| + |V|^3 \cdot |E|)$。

8.7 模型评估

为了将本书研究提出的动态配流模型应用于真实路网,还需要使用发生在真实路网中的事件数据验证配流结果的有效性。试验选择发生真实事件时路网的运行数据,在事件发生后,使用配流模型对路网运行状态进行优化。再对比真实事件发生后凭经验管控的路网运行情况,判断配流模型是否起到提升路网运行状态的作用。为实现这一目的,首先需要选取合适的路网运行效率评价指标。

8.7.1 评估数据

在高速公路上,车辆驶入和驶出路网时都会经过收费站,并分别产生入口流水收费记录和出口流水收费记录,并实时上传至省收费数据中心,分别存放于入口流水表和出口流水表中。这种数据被称为高速公路联网收费数据。其具有数据获取成本低、数据准确率高、OD 提取难度小等特点,基本满足高速公路动态配流模型的输入要求。因此,本书研究选用收费数据为主,其他数据为辅的方式进行试验。又因为收费数据的出口流水记录会同时包含车辆驶入和驶出的信息,因此,本书研究中只使用出口流水表。具体字段如表 8-3 所示。

出口流水表部分字段　　　　表 8-3

字段	字段含义	字段类型
ID	主键	String
InStationID	入口收费站 ID	Int32
OutStationID	出口收费站 ID	Int32
InTime	入口时间	DateTime
OutTime	出口时间	DateTime
InLaneID	入口车道 ID	Int16
OutLaneID	出口车道 ID	Int16
InVehtype	入口车型	byte
OutVehtype	出口车型	byte
InVehplate	入口车牌	string
OutVehplate	出口车牌	string
PayMoney	收费金额	Int32

根据支持本书研究的项目需要,选择安徽省高速公路网进行试验。其中,路网节点总数为 207 个,其中收费站 174 个(双方向 274 个),交叉口 30 个,总节点 378 个。

8.7.2 评价指标

针对事件影响的不同,本书针对路段和路网分别采取不同的评价指标进行评估,最后通过使用配流模型后路段或路网运行状况的评价结果与真实情况下的评价结果相比较,判断模型的有效性。

根据本书研究的特点和优化目标,对于路段运行效率评价指标,可以选取饱和度,平均车速和密度三个相对独立的指标进行评估。

(1)饱和度:饱和度是反映路段服务水平的一个重要物理量,等于交通量与通行能力的比值,其能准确地反映事件条件下道路的负荷和拥挤情况。通过式(8-21)计算得到:

$$S = \frac{V}{C} \tag{8-21}$$

式中:S——路段饱和度;

V——路段车流量[pcu/(h·ln)];

C——路段设计通行能力[pcu/(h·ln)]。

根据国内外高速公路服务水平对应的指标阈值,查表可确定饱和度的评价标准,如表8-4所示。

路段饱和度评价标准(单位:km/h)　　　　表8-4

设计速度	优	良	一般	较差	差
120	[0,0.34]	[0.34,0.74]	[0.74,0.88]	[0.88,1]	>1
100	[0,0.33]	[0.33,0.67]	[0.67,0.86]	[0.86,1]	>1
80	[0,0.30]	[0.30,0.60]	[0.60,0.75]	[0.75,1]	>1

(2)平均车速:平均车速直观地描述事件条件下高速公路交通流的状态,形象地反映了交通流受事故影响的程度。根据国内外高速公路服务水平对应的指标阈值,确定速度指标的评价标准,如表8-5所示。

路段平均车速评价标准(单位:km/h)　　　　表8-5

设计速度	优	良	一般	较差	差
120	≥109	[90,109]	[78,90]	[48,78]	<48
100	≥96	[79,96]	[71,79]	[47,71]	<47
80	≥78	[66,78]	[60,66]	[45,60]	<45

(3)密度:交通流密度用于描述某时刻单车道单位长度内的当量车辆数(即将所有车型都按照小型车计算后的车辆数),该指标为评价高速公路路段基本服务水平的一个重要的效率度量。根据国内外高速公路服务水平对应的指标阈值,确定密度的评价标准,如表8-6所示。

路段交通流密度评价标准　　　　表8-6

服务水平等级	优	良	一般	较差	差
密度[pcu/(km·ln)]	[0,7]	[7,181]	[18,25]	[25,45]	>45

参照路段运行效率评价指标,对于路网运行效率评价,可以选取路网平均车速和路网拥

挤度两个相对独立的量进行评估。

1) 路网平均车速

高速公路网的平均车速在评价路网服务水平时是非常重要的基础指标,能够直观地反映高速公路网的整体性能。通过式(8-22)计算得到:

$$v = \frac{\sum v_i l_i q_i}{\sum l_i q_i} \tag{8-22}$$

式中:v——区域路网平均车速(km/h);

　　　v_i——区域路网第 i 段平均车速(km/h);

　　　l_i——区域路网第 i 段的里程(km);

　　　q_i——区域路网第 i 段的流量(veh/15min)。

根据国内外高速公路服务水平对应的指标阈值,确定路网平均车速评价标准,如表8-7所示。

路网平均车速评价标准 表8-7

等级	畅通	基本畅通	缓行	中度拥堵	极度拥堵
路网平均速度(km/h)	≥60	[40,60]	[30,40]	[20,30]	≤20

2) 路网拥堵度

(1) 路段拥堵度。

定义路网拥堵度,首先要定义路段的拥堵度。路段拥堵度反映的是高速公路原子路段上交通流的拥挤程度,通过结合路段的平均行驶速度和断面流量分析得到。一般情况下,路段拥堵度被分为五个等级,如表8-8所示,表中数据为路段平均行驶速度,拥堵度越低,说明路段的平均行驶速度越高。

高速公路路段拥堵度评价标准 表8-8

设计速度(km/h)	畅通	基本畅通	轻度拥堵	中度拥堵	严重拥堵
120	≥100	[80,100]	[50,80]	[30,50]	[0,30]
100	≥90	[70,90]	[50,70]	[30,50]	[0,30]
80	≥70	[60,70]	[40,60]	[20,40]	[0,20]

(2) 路网拥挤度。

路网拥挤度是指高速公路网中,处于中度拥堵和严重拥堵的路段总里程数与路网总里程数之比,通过式(8-23)计算得到:

$$F_N = \left(\sum_{i=1}^{m} d_i + \sum_{j=1}^{n} e_j\right) \times 100\% / L \tag{8-23}$$

式中:F_N——区域路网拥挤度;

　　　L——区域路网总里程(km);

　　　d_i——处于中度拥堵的路段 i 带的里程(km);

m——处于中度拥堵的路段数量;

e_j——处于严重拥堵的路段 j 的里程(km);

n——处于严重拥堵的路段数量。

根据国内外高速公路服务水平对应的指标阈值,确定高速公路路网拥挤度的评价标准,如表8-9所示。

高速公路路网拥堵度评价标准　　　　表 8-9

等级	高	较高	中	较低	低
划分标准	$F_N > 10\%$	$8\% < F_N \leqslant 10\%$	$5\% < F_N \leqslant 8\%$	$2\% < F_N \leqslant 5\%$	$F_N \leqslant 2\%$

8.7.3　评估效果

为证明算法效果,选择2013年2月8日发生在安徽、上海两地的大雪封路事件。这类型事件会导致区域路网瘫痪,双方向车辆都无法通行。其中,安徽省因大雪封路的路段主要集中在泥河、陈埠到马堰交叉口双方向,以及马鞍山东到雍镇双方向的部分路段。由于事件影响到双方向路段,因此需要针对不同方向进行构图。全路网参与配流模型计算的部分拥有378个节点,选取事件发生时间2013年2月8日10:00为配流开始的时间,对事件发生后的路网进行交通流动态分配,得到以下结果。

首先是节点限流情况,如图8-9所示。

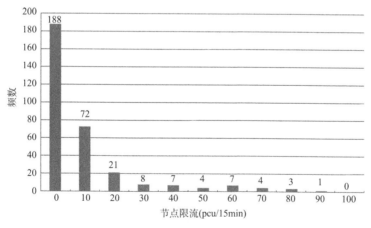

图 8-9　节点限流分布图

该图按照各个节点限流情况进行统计,其中横坐标 x、纵坐标 y 指的是限制流量在 $x-10 \sim x$ 之间的节点数为 y。可以看出,接近半数的节点都不需要进行任何流量限制,其余节点可以对比其常态流量,如果限流模型给出的建议限制流量占比很大,甚至超过该节点的常态流量,则应当对该节点采取关闭或部分关闭入口车道措施,根据情况的严重程度,还可能需要采取将车辆从该节点处引出路网的措施。

其次来看路段流量优化的情况,如图8-10所示。

和节点限流分布图类似,该图统计优化后路段实时流量的分布,其中纵坐标 y 指的是路

段优化后流量在 x-10 ~ x 之间的路段数为 y。为了更清楚地看出优化后流量分布的特点,将其与凭经验管控后的路网真实流量对比,如图 8-11 所示。

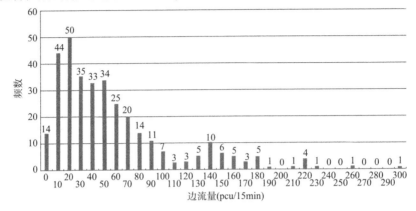

图 8-10 路段实时流量分布

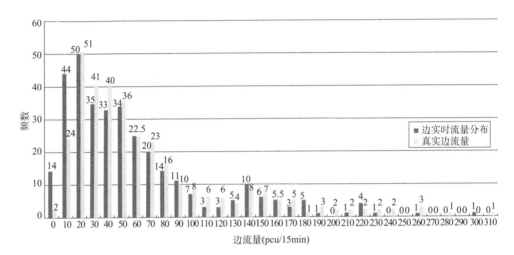

图 8-11 路段实时流量分布对比图

从图 8-11 的流量分布可以看出,为最大限度地缓解因事件导致中断路段处的压力,优化后的流量分布增加了 12 条 0 流量的边,同时因优化目标为系统最优,因此除少数能够绕行事件区域的路段流量增加外,整体流量分布变得更加平均。非配流情况下的几条流量较高的路段流量都有所下降。如图 8-12 所示,使用配流模型后,流量大于 180 的路段减少了 9 条,配流后较拥堵的路段数明显降低。

在前文提到的路段和路网运行效率评价指标中,由于除饱和度之外的指标都需要根据配流之后路网的实时反馈数据进行计算,因此在试验中,选择可以直接计算的饱和度指标对配流效果进行评估,结果如图 8-12 所示。

从结果可以发现,使用动态配流算法后的路网饱和度得到了明显的改善。其中,一般和较差的路段由采用传统管控措施之后的 8.6% 降低到 6.5%。从该路段运行效率评价指标来看,本书研究提出的动态配流算法不仅性能优秀,在真实事件条件的验证中也是切实有效的。

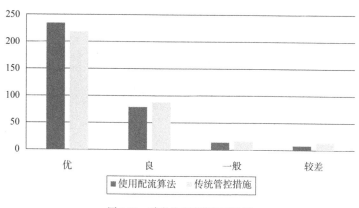

图 8-12　路段饱和度指标对比图

8.8　本章小结

本章首先介绍了网络流理论以及其中最经典的最大流问题和最小费用流问题。考虑几种经典算法的优缺点,为本书基于网络流的动态配流模型选择了合适的最大流算法和最小费用流算法。然后,通过分析其应用场景以及求解目标,逐一与高速公路的特征进行对照。可以发现,网络流理论应用场景的特点大部分与高速公路网特点一致,求解目标也相关联。但是其中存在三个问题需要解决。首先是多源多汇网络如何分解并尽可能逼近最优解。其次是高速公路网的边存在超饱和流量的情况。最后是高速公路网的非源非汇节点允许流量流入和流出高速公路。对于第一个问题,本书采用将公路网分解的方法,并结合实时流量作为输入来保持精度。其中对于路网入口收费站限流的问题,将路网拆分成多个单源多汇的网络。对于路段最优流量的求解,按照 OD 对拆分成多个单源单汇网络,并分别给出了这样拆分的原因以及优化的思路。

在基于网络流的配流建模部分,首先分别给出了模型变量的定义、模型优化目标以及模型的约束条件。之后按照模型的四个组成部分,分别给出各部分的详细算法步骤和流程图。最后从理论角度简要分析了模型的时间代价。

从模型的性能和模型的效果两个方面设计了试验并进行验证。其中在性能方面,选取传统的未经优化的解析动态配流模型和使用蚁群算法中最高效的蚁群系统算法优化进行比较,并且要求模型不论在节点规模较大(针对大范围路网),还是路段流量较大(针对事件条件)的情况下,都能够在实际应用要求的时间范围内给出配流结果。本章节使用遵从高速公路网结构规则的随机路网和随机流量进行多次试验验证,最终证明了不论应对大范围路网,还是路段流量较大的情况,本书提出的模型性能都足以满足实际需求,并且优于蚁群系统算法优化的动态配流模型。随后在安徽省高速公路网真实事件数据的基础上,使用本书提出的模型进行动态配流的试验。最后根据提出的路段和路网运行效率评价指标,同真实情况下使用传统管控措施后的路网运行效率比较,证明了按照模型进行的流量分配的确能够使路网运行效率提升。最终证明了本书提出的模型不论从性能还是效果方面,都能够解决事件条件下大范围高速公路网的动态配流问题。

第9章 计划性事件条件下的动态配流方法

本章主要介绍计划性事件条件下的动态配流方法。首先给出了配流模型的优化目标和约束条件,然后给出了算法的求解步骤以及性能分析,最后进行了小结。

9.1 计划性事件条件下的动态配流介绍

从第3章可知,高速公路的交通事件可分为突发事件和计划性事件。第8章主要介绍了突发性事件条件下的配流方法,这种方法将一个时间片段作为配流的基本单位。具体来说,在提取了某个时间片段$[t, t+\Delta t]$的路段流量信息之后,分别使用限流模型和配流模型对该时间片段的OD交通量进行分配;接着再依据配流结果辅助交通诱导,并更新路段流量;然后利用更新的流量信息进行下一个时间片段$[t+\Delta t, t+2\cdot\Delta t]$的流量分配。整个过程如图9-1所示。

图9-1 突发性事件条件下配流方法示意图(每个时间片段)

从图9-1中可以看出,第8章介绍的配流方法由于是为每个时间片段单独进行配流,更加适用于在突发性事件条件下配流之后有路段流量实时反馈的情形。在本章的应用场景下,与突发性事件不同的是,计划性事件一般指施工、养护、模拟演练等有规律、持续时间较长的交通类事件。计划性事件具有以下三个特点:

(1)持续时间较长,通常包含了多个时间片段。

(2)计划性事件是人为安排的,所以在这段时间内高速公路网OD交通量需求可以根据历史信息进行估计和推断。

(3)在实际情况中,不同时间片段的OD需求不是一成不变的,而通常具有随时间动态变化的性质,这就导致了交通流具有动态性。

综合以上三点,在计划性事件条件下,第8章介绍的配流方法显然不能适用。为了更好地对这种较长时间内的动态OD交通计划进行分配,本章提出了计划性事件条件下的动态配流方法。

总地来说,本章介绍的方法较第8章介绍的方法具有以下优势:

(1)一次配流可以得到未来多个时间片段的路段流量分布情况。

(2) 可以更好地反映问题的时变性。
(3) 解决了之前模型流量叠加过多的问题。

9.2 基本假设和变量定义

9.2.1 基本假设

计划性事件条件下的配流模型需满足以下基本假设：
(1) 满足 FIFO 条件。即对于同源同汇的 OD 交通量，先出发的流量先到达。
(2) 流量不能停留在节点或边上。
(3) 时间片段 Δt 足够小，任一条路段不会在一个 Δt 内被穿过。

9.2.2 变量定义

与在第 8 章中对高速路网的建模方法类似，本章介绍的方法首先在时间维度上对高速路网进行离散化处理，将其分为多个时间片段。

相关变量定义如表 9-1 所示。

变量定义与解释 表 9-1

符号	解释
Δt	离散化以后的时间片段。根据高速公路联网收费数据的特点，在本书中一般选用 15min
t_0	开始进行交通流动态分配的时刻
$x_a(t)$	t 时刻路段 a 上的流量
$x_a^{o,d}(t)$	t 时刻路段 a 上以 o 为源点，d 为汇点的流量
$c_a(x_a(t))$	当路段 a 的流量为 $x_a(t)$ 时，路段 a 的通行时间
$u_a(t)$	在 $[t,t+\Delta t]$ 时间里，流入路段 a 的流量
$u_a^{o,d}(t)$	在 $[t,t+\Delta t]$ 时间里，流入路段 a 的以 o 为源点、d 为汇点的流量
$I_k(t)$	在 $[t,t+\Delta t]$ 时间里，通过节点 k 从高速公路系统外流入的流量
$I_k^d(t)$	在 $[t,t+\Delta t]$ 时间里，通过节点 k 从高速公路系统外流入且终点为 d 的流量
$S_k(t)$	在 $[t,t+\Delta t]$ 时间里，通过节点 k 流出高速公路系统的流量
$S_k^o(t)$	在 $[t,t+\Delta t]$ 时间里，来自起点 o 且通过节点 k 流出高速公路系统的流量
$S_d^o(t,t_0)$	在 $[t_0,t_0+\Delta t]$ 的时间内，以 o 为起点流入高速公路系统并通过节点 k 在 $[t,t+\Delta t]$ 时间内流出高速公路系统的流量

假设当前时刻为 t，离散化后的时间片段长度为 Δt，计划性事件发生的区段共包含了 n 个时间片段，则动态配流的时间窗口为 $T=[t+\Delta t,t+2\cdot\Delta t,\cdots,t+n\cdot\Delta t]$。

本章提出的动态配流方法的已知条件为：①在当前 t 时刻高速路网中任意路段 a 的流量

$x_a(t)$ 及其组成成分 $x_a^{o,d}(t)$;②时间窗口 T 内 n 个时间片段中每个收费站 k 的 OD 交通量需求 $I_k^d(t)$ 。

本章的求解目标是通过动态配流使时间窗口 $T=[t+\Delta t,t+2\cdot\Delta t,\cdots,t+n\cdot\Delta t]$ 内的路段总通行时间最小,如式(9-1)所示:

$$J = \min \sum_{t=t_0}^{T} \sum_{a \in A} h_{at}(x_a(t))$$
$$\approx \min \sum_{t=t_0}^{T} \sum_{a \in A} u_a(t) \times c_a(x_a(t))$$
$$\approx \min \sum_{t=t_0}^{T} \sum_{o \in O} \sum_{d \in D} \sum_{a \in A} u_a^{o,d}(t) \times c_a(x_a^{o,d}(t)) \quad (9\text{-}1)$$

式中:h_{at}——代价函数,本章中设定为路段通行时间。

9.3 算法描述

本小节首先回顾了静态最小费用流算法,接下来介绍了对该算法在时间维度上进行展开,扩展为动态最小费用流算法,以便用于多个时间片段的动态流量分配。

9.3.1 静态最小费用流算法

基本的静态最小费用最大流的求解算法主要分为两种方式。一种是始终保持网络中的可行流是最小费用流,然后不断调整,使流量逐步增大,最终成为最小费用的最大流。另一种是始终保持可行流是最大流,通过不断调整使费用逐步减小,最终成为最大流量的最小费用流。这里主要介绍第一种算法。

在单源点单汇点的网络中,该算法不断采用带"势"的 Dijkstra 算法在残留网络中寻找源点 s 到汇点 t 之间的最短路径,并在这条路径上进行流量增广,直至无法增广为止。

下面首先介绍用于求解最短路的 Dijkstra 算法。

Dijkstra 算法寻找最短路的基本思想是从源点出发,逐步向外探寻,直到找到一条到终点的最短路为止(图 9-2)。

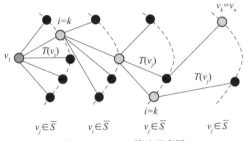

图 9-2 Dijkstra 算法示意图

令 $P(v_i)$ 为任意节点 v_i 到 v_1 的最短距离,l_{ij} 为节点 i 到节点 j 的原始距离,S 为已经找到距离原点最短距离的节点集合,$\overline{S}$ 为还没有找到距离原点最短距离的节点集合。

则算法流程如下:

(1) 初始化,$S = \{v_1\}:i=1;\overline{S}=\{v_2,v_3,\cdots,v_n\},j=2,3,\cdots,n$。

(2) 对所有 $v_j \in \overline{S}$,求 $\min\{T(v_j), P(v_i)+l_{i,j}\}$,将结果仍记为 $T(v_j)$。

(3) 在 v_1 到其他所有节点的最短路中选择最小的距离,找到节点 v_k,以满足 $T(v_k) = \min_{v_j \in \overline{S}}\{T(v_j)\}$,并令 $P(v_k) = T(v_k)$。

(4) 若已经搜索到最后一个节点 v_n,则 $P(v_n)$ 为 $v_1 \sim v_n$ 的最短距离。否则,令 $i=k$,从 $\overline{S}$ 中删去 v_k,回到步骤(1)继续进行搜索。

例如,在图 9-3 所示的路网中,边的权值代表通行费用。求解最短路的过程见表 9-2。

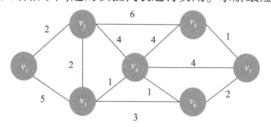

图 9-3 简单路网示意图

图 9-3 所示路网中最短路求解过程　　　　　　　　表 9-2

v_j		v_1	v_2	v_3	v_4	v_5	v_6	v_7
初始值	$T(v_j)$	$\{0\}$	∞	∞	∞	∞	∞	∞
第1次迭代	$P(v_1)+l_{1j}$		0+2	0+5	∞	∞	∞	∞
	$T(v_j)$		$\{2\}$	5	∞	∞	∞	∞
第2次迭代	$P(v_2)+l_{2j}$			2+2	2+4	2+6	∞	∞
	$T(v_j)$			$\{4\}$	6	8	∞	∞
第3次迭代	$P(v_3)+l_{3j}$				4+1	4+∞	4+3	∞
	$T(v_j)$				$\{5\}$	8	7	∞
第4次迭代	$P(v_4)+l_{4j}$					5+4	4+1	5+4
	$T(v_j)$					8	$\{6\}$	9
第5次迭代	$P(v_5)+l_{5j}$					6+∞		6+2
	$T(v_j)$					$\{8\}$		8
第6次迭代	$P(v_6)+l_{6j}$							8+1
	$T(v_j)$							8
第7次迭代	$P(v_7)+l_{7j}$			如果选择 v_7,则 $k=7=n$,迭代结束				
	$T(v_j)$						8	$\{8\}$

接下来介绍最小费用流算法。

最小费用最大流的解法主要有两种,一种是采用 Bellman-Ford 算法,另一种是采用添加"势"的 Dijkstra 算法,由于 Dijkstra 算法复杂度较低,本节着重介绍添加"势"的 Dijkstra 算法求解最小费用最大流问题。

采用 Dijkstra 算法求解最小费用最大流问题的基本思想是每次在残余网络中求出一条费用最小费用的增广路径 p_i，将其加到当前费用流 f_i，得到更新后的费用流 f'_i，直到无法继续增广为止。

下面给出最小费用流算法的正确性证明。由文献[3]可知，在网络 D 中，设 f 是流值为 v 的可行流，则 f 是最小费用流当且仅当 D 关于 f 的剩余网络 $D(f)$ 中不含负圈。事实上，假设还有同样流量而费用比 f 更小的流 f'。在流 f 中，除了源点 s 和汇点 t 以外的顶点的流入量等于流出量，在 f' 也是如此。并且由于 f 和 f' 的流量相同，考虑流 $f'-f$，则流 $f'-f$ 中所有顶点的流入量都等于流出量，即 $f'-f$ 是由若干个圈组成的。而 $f'-f$ 的费用是负数，所以至少有一个负圈(图 9-4)。故上述结论成立。

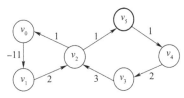

图 9-4 至少包含一个负圈示意图

根据以上结论，算法的正确性可由数学归纳法证明。初始时 f_0 是流量为 0 的流，对应的残余网络是原图。如果原图中不含负圈，f_0 就是流量为 0 的最小费用流。

假设流量为 i 的流 f_i 是最小费用流，并且下一步求得了流量为 $i+1$ 的流 f_{i+1}。此时 $f_{i+1}-f_i$ 就是 f_i 对应的残余网络中 s 到 t 的最短路。假设 f_{i+1} 不是最小费用流，即存在流 f'_{i+1} 费用更小。考察 $f'_{i+1}-f_i$。在流 $f'_{i+1}-f_i$ 中，除 s 和 t 以外的点流入量的等于流出量，所以由一条 s 到 t 的路径和若干圈组成。而 f'_{i+1} 比 f_{i+1} 费用要小，所以 $f'_{i+1}-f_i$ 中至少存在一个负圈，这与 f_i 是最小费用流矛盾，假设不成立。

综上所述，对任意 i，f_i 都是最小费用流。

在求解最小费用流的过程中，残留网络中可能会出现负权边，故需要采用带"势"的 Dijkstra 算法寻找每个源点到汇点之间的最短路径。通过引入"势"，将每个顶点 v 给予一个标号 $h(v)$ 作为 v 的"势"。令 $d(e)$ 表示边 $e=(u,v)$ 的长度，在这个"势"的基础上，e 的长度变为 $d'(e)=d(e)+h(u)-h(v)$。求得 $d'(e)$ 之后，从中减去常数 $h(u)-h(v)$ 可得到 $d(e)$，这表明求 $d'(e)$ 上的最短路就等价于求 $d(e)$ 上的最短路。

现在问题就转化为，如何合理地选取"势"，使得对所有的 e 都有 $d'(e) \geq 0$，之后便可使用 Dijkstra 算法求最短路。一种可行的方式是选取(源点 s 到 v 的最短距离)作为 v 的"势"。实际上，由于(s 到 v 的最短距离)$\leq$(s 到 u 的最短距离)$+d(e)$，所以 $d'(e)=d(e)+h(u)-h(v) \geq 0$，这就保证了图中不会出现负权边。

下面的例子展示了最小费用流算法的两次增广过程。初始的网络如图 9-5 所示。

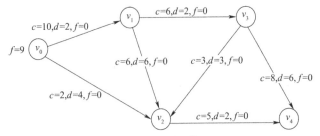

图 9-5 初始网络

在图 9-5 中，v_0 是源点，v_4 是汇点。需要从 v_0 到 v_4 传输 9 个单位的流量。c 表示边的容量,d 表示边的通行费用,f 表示边的流量。

首先沿最短路 $v_0 \to v_2 \to v_4$ 传输 2 个单位流量,如图 9-6 所示。

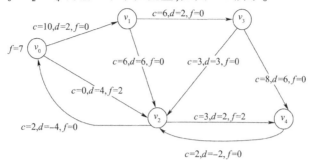

图 9-6 第一次增广之后的残余网络

各点的"势"(h)及在考虑"势"的情况下的最短距离(dist)如表 9-3 所示。

第一次增广过程中各点的"势"和最短距离 表 9-3

参数	点				
	v_0	v_1	v_2	v_3	v_4
h	0	0	0	0	0
dist	0	2	4	4	6

然后沿最短路 $v_0 \to v_1 \to v_3 \to v_2 \to v_4$ 传输 3 个单位流量,如图 9-7 所示。

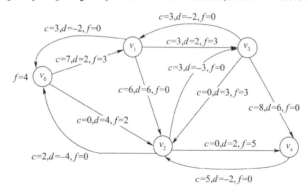

图 9-7 第二次增广之后的残余网络

各点的"势"(h)及在考虑"势"的情况下的最短距离(dist)如表 9-4 所示。

第二次增广过程汇中各点的"势"和最短距离 表 9-4

参数	点				
	v_0	v_1	v_2	v_3	v_4
h	0	2	4	4	6
dist	0	0	3	0	3

算法按照如上步骤依次增广,即可得到最小费用流。

9.3.2 动态最小费用流算法

本节首先证明动态最短路的正确性,之后介绍算法的求解过程,最后通过一个例子介绍算法流程。

1) 动态最短路算法

在动态网络中,任意两点 u 和 v 之间的边权值 $c(u,v)$ 不再是一个固定的常数,而是随时间变化的,令 $c(u,v,t)$ 表示该边权值。对于从同一源点出发,驶向同一汇点的车辆来说,如果满足先出发先到达(First in,First out,简称"FIFO")条件,即同时进入同一路段的车辆均以相同速度行驶,并花费相同的时间,不存在后车超越前车的现象,如式(9-2)所示:

$$\forall (u,v) \in E, c(u,v,t) \leq c(u,v,t'), t < t' \tag{9-2}$$

则可将静态最短路算法扩展为动态最短路算法,如式(9-3)所示:

$$(u,v) = \mathrm{argmin}(d(u) + c(u,c(u,v,d(u)))) \quad u \in A, v \in B, (u,v) \in E \tag{9-3}$$

式中:(u,v)——某一路段;

u、v——某路段连接的路网某节点;

A、B——路网节点集合。

算法整体流程用伪代码描述如下:

算法 1　动态最短路算法

输入:节点集合 N,边集合 E,源点 s,动态网络边权值 c

输出:从源点 s 到其他点 v 的最短通行时间 $d(v)$

1. 初始化变量 $d(s) \leftarrow 0, S_1 \leftarrow \{s\}, S_2 \leftarrow N - \{s\}$
2. for all $u \in S_2$ do
3. $d(u) \leftarrow INF$
4. end for
5. while $S_2 \neq \emptyset$ do
6. begin
7. $(u_*, v_*) \leftarrow \arg\min(d(u) + c(u,c(u,v,d(u)))), u \in S_1, v \in S_2, (u,v) \in E$
8. $d(v_*) \leftarrow d(u_*) + c(u_*, v_*, d(u_*))$
9. $pre(v_*) \leftarrow u_*$
10. $S_1 \leftarrow S_1 \cup \{v_*\}$
11. $S_2 \leftarrow S_2 - \{v_*\}$
12. end

其中,S_1 表示已得到动态最短的节点集合,S_2 表示尚未得到动态最短路的节点集合,$c(u,v,t)$ 表示在时段 t 时段、路段 u 到 v 的通行时间,$d(u)$ 表示 s 出发到达 u 的最短时间。

下面用数学归纳法证明算法的正确性,即 S_1 中节点都已达到动态最短路。

①初始时,$d(s) = 0, S_1^{(0)} = \{s\}, S_2^{(0)} = N - \{s\}$,显然 s 的动态最短路已经求得。

②若在第 $(i+1)$ 次迭代前,$S_1^{(i)}$ 满足上述条件。第 $i+1$ 次迭代更新后,得到:

$$(u,v) = \mathrm{argmin}(d(u) + c(u,c(u,v,d(u)))) \tag{9-4}$$

在式(9-4)中,$u \in S_1^{(i)}, v \in S_2^{(i)}, (u,v) \in E, d(v_*) = d(u_*) + c[u_*, v_*, d(u_*)]$,现已证明 $d(v_*)$ 是 s 到达 v_* 的最短时间。

(1)假设从 $u' \in S_1^{(i)}$,在 t' 时段出发,到达 v_* 的时间 $d'(v_*) < d(v_*)$。

因为 $u' \in S_1^{(i)}$，所以 $t' \geq d(u')$。因为 FIFO 条件满足，所以 $d'(v_*) = c(u', v_*, t') + t' \geq c[u', v_*, d(u')] + d(u') \geq c[u_*, v_*, d(u_*)] + d(u_*) = d(v_*)$，这与 $d'(v_*) < d(v_*)$ 矛盾，所以假设不成立。

(2) 假设从 $u' \in S_2(i)$，在 t' 时段出发，到达 v^* 的时间 $d'(v_*) < d(v_*)$。

因为 $u' \in S_1^{(i)}$，所以在 s 到 u' 的路径上，一定包含边 (u'', v'')，其中 $u'' \in S_1, v'' \in S_2, (u'', v'') \in E$，因为 $(u_*, v_*) = \text{argmin}(d(u) + c(u, c(u, v, d(u))))$，所以 $d'(v_*) > c(u'', v'', d(u'')) + d(u'') \geq c(u_*, v_*, d(u_*)) + d(u_*) = d(v_*)$，这与 $d'(v_*) < d(v_*)$ 矛盾，所以假设不成立。

综上，得证 S_1 中节点都已达到动态最短路径。

为了验证在实际情况下 FIFO 条件是否成立，选取 2011 年 3 月 15 日及 2011 年 5 月 22 日安徽省高速公路网真实数据进行试验。试验思路为利用一天内的出口收费数据来计算路段实时流量。首先将数据按照同一路段的 OD 进行分组，每组 OD 按进入时间顺序排序。之后查找车辆出口时间逆序对的个数，计算逆序对所占比例作为违反 FIFO 条件的比例。在统计的过程中，设置了阈值 threshold（实际情况下设定为 2min），在阈值 threshold 内到达同一个收费站的两个车辆，被认为同时到达。

试验结果如图 9-8 所示。

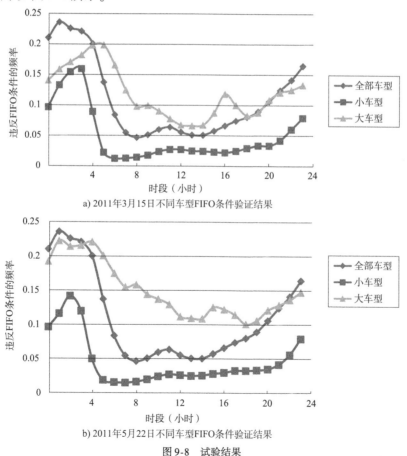

a) 2011年3月15日不同车型FIFO条件验证结果

b) 2011年5月22日不同车型FIFO条件验证结果

图 9-8 试验结果

接下来统计了一周内小车违反 FIFO 条件的频率，如图 9-9a) 和图 9-9b) 所示。

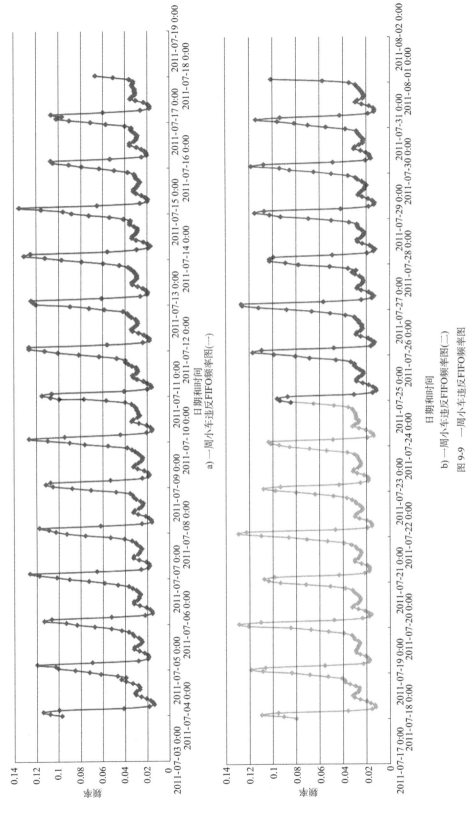

图 9-9 一周小车违反 FIFO 频率图

图9-8反映出,交通中小车出现的频率更符合所有车辆的变化情况,故选用小车作为代表计算违反FIFO的概率。观察图9-9可以发现,违反FIFO概率的情况更可能在晚上发生,其原因可能是有些车行驶绕远,还有可能是车辆进入休息区。考虑到和夜里相比,白天的繁忙时段更需配流,并且白天繁忙时段基本满足FIFO条件,故选取白天的繁忙时段进行配流。此外,通过图9-10可以看到,一周内小车违反FIFO的频率很低,故在现实情况下,FIFO条件基本是成立的。

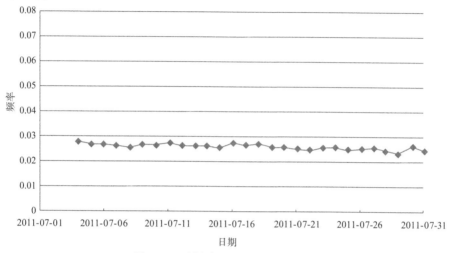

图9-10 一周小车违反FIFO整体频率图

2) 动态最小费用流算法

在证明了动态最短路算法的正确性并验证了现实情况下FIFO条件基本成立之后改进了最小费用流算法,具体的改进方式是使用动态最短路算法代替原始静态最短路算法,来进行动态最小费用流的计算。

算法流程如下:

(1) 对于路网中的每一条边e,根据e的通行时间,计算e上的流量到达下游收费站的时间片段,并将当前时刻e上的流量叠加到下游收费站相应时间片段内的OD需求矩阵中。

(2) 对于时间窗口T内的每一个时间片段t,重复步骤(3)、步骤(4)。

(3) 对于当前时间片段t内的每个入口收费站u,重复步骤(4)。

(4) 对于当前入口收费站u,使用动态最短路算法计算到达其他每个点v的最短距离$d(v)$,根据最短距离由近及远进行流量增广和残余网络更新。

值得注意的是,在将静态网络推广为动态网络之后,算法依然需要保证在考虑了点的"势"之后边的权值一直保持非负。考虑到这一点,在动态网络中,点x的"势"应选取为在t_0时刻从源点s到x的动态最短通行时间$h(x,t_0)$,此时在考虑"势"之后t时刻长度为$d[e(u,v,t)]$的边的长度为$d'(e,t) = d(e,t) + h(u,t_0) - h(v,t_0)$。

由于在动态最短路算法中有$h(v,t_0) \leq d(e,t_0) + h(u,t_0)$,又由FIFO的性质可知$d(e,t_0) \leq d(e,t)$(其中,$t \geq t_0$),所以$h(v,t_0) \leq d(e,t_0) + h(u,t_0) \leq d(e,t) + h(u,t_0)$,从而$d'(e,t) = d(e,t) + h(u,t_0) - h(v,t_0) \geq 0$。

故对于点x,用t_0时刻出发的动态最短通行时间$h(x,t_0)$作为x点的"势",可以保证边的非负条件成立。

算法流程图如图 9-11 所示。

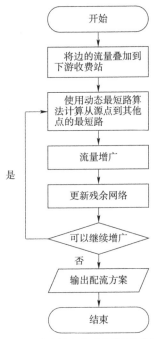

图 9-11　动态最小费用流算法流程图

算法整体流程用伪代码描述如下。

接下来,通过一个例子来说明配流的过程。在图 9-12 所示的简单路网中,共分为 10 个时间片段。每条路段在 10 个时间片段内的通行时间和容量如表 9-5、表 9-6 所示。图 9-13 详细地展示了路段在不同时间片段内通行时间和容量的变化情况。图 9-14 展示了当前时刻的流量需求。具体来说,共有五个单位流量需要从源点 0 分配出去:三个单位流量分配到节点 1,两个单位流量分配到节点 3。

算法 2　动态最小费用流

输入:高速公路网 network,未来多个时间片段内每个节点的流量需求矩阵 OD

输出:未来多个时间片段内路网中每条边的流量分布

1. for all $e(u,v) \in$ network.edges
2. 　fresh_OD(e,v)
3. end for
4. for all $t \in T$
5. 　for all $u \in$ network.nodes
6. 　　DynamicShortestPath(u,t)
7. 　　for all $v \in OD(u)$
8. 　　　argument(v)
9. 　　end for
10. 　end for
11. end for

第9章 计划性事件条件下的动态配流方法

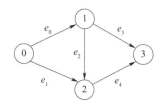

图9-12 高速公路网示意图

不同时间片段内路段通行时间(单位:min)　　　　　　　　　　　表9-5

单位流量	通行时间									
	0	1	2	3	4	5	6	7	8	9
e_0	1	2	2	2	2	3	3	3	3	3
e_1	2	2	2	3	3	3	3	3	3	3
e_2	1	1	1	1	1	1	1	1	1	1
e_3	1	6	6	7	7	8	8	8	8	8
e_4	1	1	9	9	9	9	9	9	9	9

不同时间片段内路段容量(单位:辆)　　　　　　　　　　　表9-6

单位流量	通行时间									
	0	1	2	3	4	5	6	7	8	9
e_0	3	3	3	3	3	3	3	3	3	3
e_1	2	2	2	3	3	3	3	3	3	3
e_2	1	2	2	5	5	6	7	8	10	11
e_3	1	6	6	6	6	8	8	8	8	8
e_4	1	7	7	7	7	7	7	7	7	7

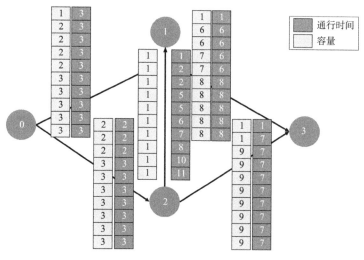

图9-13 动态交通路网示意图

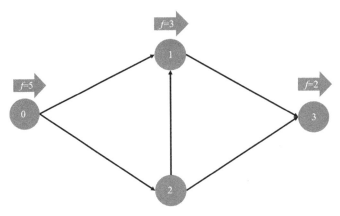

图 9-14 动态交通路网流量需求示意图

算法首先使用动态最短路算法计算出从源点 0 到其他各点的动态最短距离(通行时间),如表 9-7 所示。接下来在需要配流的各点中选择通行时间最短的点,即点 1(通行时间为 1)。之后检查从源点到点 1 的动态最短路径中所经过的边在相应时刻的容量是否大于或等于流量需求,若满足则进行配流,否则不配流。在本例中,从源点 0 到节点 1 的路径为 0→e_0→1,边 e_0 在 $t=0$ 时间片段内的容量为 3,可进行配流。配流的方式是将路径中边的对应时间片段内的容量减 3,并将反向边对应时间片段内的容量加 3。于是,此时边 e_0 在 $t=0$ 时间片段内的容量为 0,它的反向边在 $t=0$ 时间片段内的容量为 3(图 9-15),残余网络得到更新。

源点到各点距离(单位:min) 表 9-7

源点	点			
	0	1	2	3
0	0	1	2	7

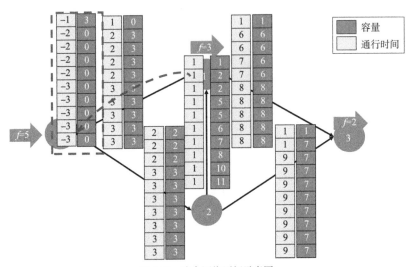

图 9-15 残余网络更新示意图

接下来,在更新后的残余网络中再次采用动态最短路算法重新计算各点的最短距离,结果如表 9-8 所示。

重新计算后得到的各点最短距离　　　　　　　　　　表 9-8

源点	点			
	0	1	2	3
0	0	3	2	10

然后,沿路径 $0 \to e_1 \to 2 \to e_3 \to 3$ 向点 3 分配两个单位流量,接着更新网络残量,如图 9-16 所示。

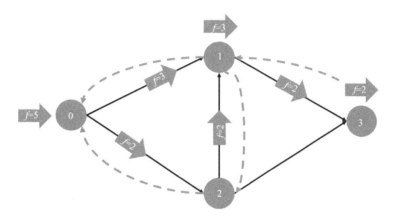

图 9-16　动态网络配流过程示意图

9.3.3　k 平行边法处理超饱和流量

在实际的高速公路网中,当某路段流量已经超过路段自由流最大容量时,还可以容纳一部分车辆的流入,但是平均速度会随着流量增加而下降。但在原始最小费用最大流模型中,当某条边达到最大容量后则不允许再增加任何流量,这是与实际情况不符的。在这种情况下,单纯地放大边的容量是不科学的。本章中继续采用第 8 章介绍的 k 平行边离散化方法来解决问题。

但是,这里和第 8 章的情况略有区别,即本章介绍的动态交通网络中的 k 平行边在不同时刻具有不同的容量和花费(通行时间),图 9-17 所示为本章动态交通网络中未解决超饱和流量问题而添加 k 平行边的示意图。

动态交通网络依然采用 BPR 函数描述路段通行流量超饱和时车辆的通行速度,设路段最大通行能力 y,当前流量为 x 的路段通行时间为 t,Q_a 为路段最大流量,V_a 为实时流量,t_0 为路段在正常情况下的通行时间,则路段通行时间与流量的函数关系通过式(9-5)进行计算:

$$t_i = \begin{cases} t_0, & x_a^{o,d}(t) \leq f \\ t_0\left\{1 + \partial\left(\dfrac{V_a}{Q_a}\right)^\beta\right\}, & x_a^{o,d}(t) > f, i = 0,1,2,\cdots,n \end{cases} \quad (9\text{-}5)$$

当路段中的流量未超过最大流量 f 时,通行时间为自由流时间 t_0;当流量超过最大流量 f 时,通行时间随流量的增多呈指数形式增长。值得一提的是,k 值越大准确度越高,但是算法复杂性也会增加。

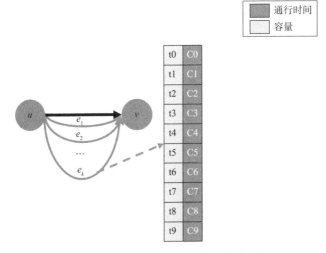

图 9-17　动态交通网络超饱和流量 k 平行边示意图

通过上述离散处理,可以解决高速公路网路段流量超过最大通行能力时配流算法的有效性问题,并且离散化以后的边容量和费用都可以轻易求出。

由于最小费用流算法每次选择动态最短路进行流量增广,所以会在 k 条平行边中首先选择费用(通行时间)较小的边,在这样的边流量饱和之后,再选择费用(通行时间)较大的边。这就很好地反映了实际中一条路段的费用(通行时间)随着流量增大而增大的函数关系。

9.4　模型评估

为检验动态最小费用流模型的配流效果,同样采取了第 8 章介绍的安徽省真实路网数据进行验证。考虑到计划性事件条件下的配流需求,试验思路是选取某一时刻的路网真实流量分布状况以及接下来若干个时间片段的入口收费站 OD 交通量矩阵,将使用配流算法得到的多个时间片段内的流量分布情况与凭经验管控的真实流量分布情况进行比对。

实际情况中,选取 2013 年 4 月 17 日的路网数据。试验中需要调节的参数有时间片长度 Δt 和平行边条数 k。考虑到真实数据中以 15min 为基本单位,在以下试验中选取 $\Delta t = 15\text{min}$。为了选取合适的 k 值,首先观察平行边条数对算法运行效率的影响。试验结果如图 9-18 所示。

从理论上分析,令 F 表示流量值,$|V|$ 表示节点数,$|E|$ 表示边数,则动态最短路算法的时间复杂度为 $O(E|\lg|V|)$。在算法运行过程中,由于最多需要进行 F 次增广,所以动态最小费用流时间复杂度为 $O(F|E|\lg|V|)$。

与上述分析一致,从图 9-18 中也可以看出,虽然随着 k 的增加,配流结果会更加合理,但是算法运行的时间也逐渐增加。最终,在综合权衡了精度和效率之后,在以下试验中选取 $k=5$。

第9章 计划性事件条件下的动态配流方法

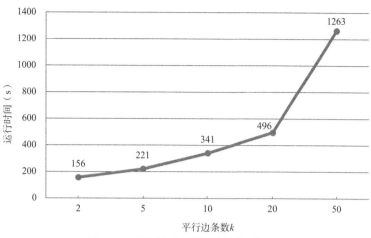

图 9-18 不同平行边条数下的算法运行时间

为了验证配流是否真正有效,对从 10:00 起 3 个 Δt 内的 OD 交通量需求进行分配。同时,为了保证配流结果的准确性,也将初始时刻路网中路段上的流量考虑在内。具体来说,首先根据路段通行时间计算出路段流量到达最近的下游收费站 a 的时刻 t_a,再对这部分流量在 t_a 时刻收费站 a 作为起点进行配流。

图 9-19 展示了使用动态最小费用流算法进行配流之后自 10 时起 3 个 Δt 内路网中路段流量分布情况。

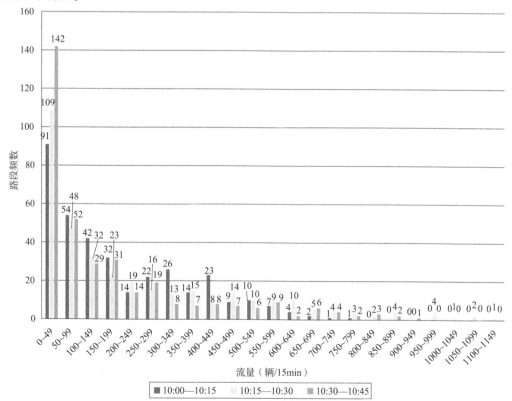

图 9-19 使用动态最小费用流算法配流后路网流量分布情况

图9-20展示了凭经验管控的真实情况。

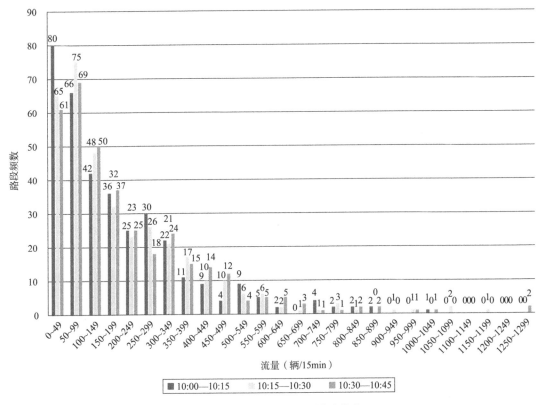

图9-20 真实情况下路网流量分布情况

从图9-19和图9-20的对比可知,从整体上看,与凭经验管控的真实情况相比,在使用动态最小费用流算法进行配流之后,多个时间片段内的OD交通量分配得更加均匀。

具体来说,在使用了配流算法之后,流量较少(小于50)的路段数量明显增加,而流量非常大(大于1150)的路段数量减少了3条。这说明,使用动态最小费用流算法之后不仅能同时得到未来多个时间片段内的路段流量分布情况,而且使得路段流量分布更加平均,有效地减少了由计划性事件可能带来的潜在拥堵状况。

接下来,采用第8.7.2节介绍的饱和度指标对上述配流结果进行评估。

在使用了动态最小费用流算法进行配流之后,根据表8-3（路段饱和度评价标准）计算得到整个路网中路段的饱和度分布情况,如图9-21所示。

而凭经验管控的真实情况如图9-22所示。

从图9-21和图9-22的对比可知,在路段饱和度分布方面,动态最小费用流算法的配流结果与真实情况较为相似,较好地模拟了真实情况。值得注意的是,在10:30—10:45时段内,配流之后饱和度为"优"的路段频数(229)比真实情况下的路段频数(193)明显增加,这说明考虑了路段流量时变性特点的配流算法确实能够发挥作用,能为不同时刻发出的流量计算出合适的动态最短路,进而进行配流。

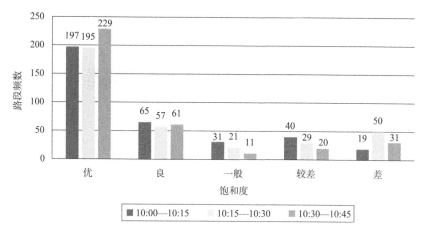

图 9-21 使用动态最小费用流算法配流后路网饱和度分布情况

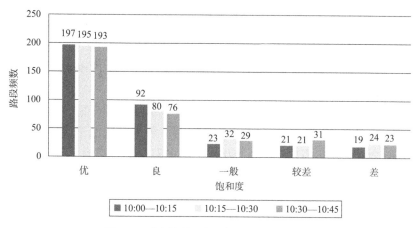

图 9-22 真实情况下路网流量饱和度分布情况

9.5 本章小结

本章首先分析了计划性事件条件下与突发性事件条件下动态配流应用场景的区别;接着详细介绍了静态 Dijkstra 算法和静态最小费用流算法;然后在验证了 FIFO 条件基本满足的基础上,将静态 Dijkstra 算法扩展为动态最短路算法,并证明了扩展之后算法的正确性,将该算法应用到动态最小费用流的计算中;最后给出了真实试验数据的测试结果。

第10章 总结与展望

10.1 总结

本书研究了如何将网络流理论用于解决交通流动态分配问题,针对事件条件下高速公路网的特点提出了一套可以在 ITS 中实际使用的交通流动态分配算法,对方法性能和效果都进行了验证,并尝试开发了原型系统。本书完成的工作主要有如下三点:

(1) 分析了解析型动态配流和仿真型动态配流的优缺点,并提出利用最大流和最小费用流理论建模的事件条件下高速公路动态配流模型。

事件条件下,要求交通流动态分配必须将交通流的时变特性考虑在内,模型应该能够根据高速公路网运行态势的变化而给出当前最优解,并且将未来流入车辆考虑在内,来保证后续交通流组织符合实际出行需求。而大范围的高速公路网则对模型的效率提出了很高的要求。可以说,这两个应用前提分别从精度和效率两个方面限制了模型。通过本书的调研分析可以看出,传统的解析模型虽然精度较高,但是应用于大规模路网时效率很低,完全达不到 ITS 的实用需求。传统的仿真模型虽然效率较高,但是更多地应用于公路网常态配流。针对事件条件下路网经常性重构的情况,适应性较差。而本书提出的网络流模型就是希望能够同时满足这两个方面的需求。

(2) 提出了拆分多源多汇网络的模型求解思路,解决了超饱和流量的问题。

研究中发现,使用网络流理论进行建模时,直接应用于高速公路网时会遇到三个问题。高速公路网络属于多源多汇网络,因此本书中针对目标的不同,提出了网络拆分的方法,并从精度和效率两个角度分析了这种拆分的可行性。针对高速公路网络边的流量可能超过限流的情况,采用将边离散化的方法。尤其是在整体流量较大的核心区域路网,既避免了边流量超过限制流量导致算法无法正常运行,又能够在合理范围内牺牲一部分路段通行时间,保证尽可能多的流量通过时间区域。至于路网中非交叉口节点可以流入和流出系统的问题,可以随着前两个问题的解决迎刃而解。解决上述三个问题后,就可以根据网络流理论中的最大流算法和最小费用流算法建立动态配流模型。

(3) 提出了一套从性能和效果两个角度衡量动态配流模型的评价方法。

本书中分别使用仿真数据和真实数据进行性能试验和效果试验。仿真数据可以不断扩大路网规模,增加路段平均流量,进行多次试验后可以看出本方法性能足够适应大范围路网的需求。在真实事件数据和高速公路联网收费数据上,使用本书研究提出的动态配流模型,通过比较使用配流模型后路段运行效率指标与不使用配流模型时路段和路网在事件后的真实指标,可以看出本方法对降低事件影响、提升事件后路网运行效率确实行之有效。

10.2 展望

智能交通是一门面向实际应用的科学,智能交通领域的各种方法、模型都应该为智能交通系统服务。尽管目前的智能交通系统都在使用仿真模型完成交通分配的任务,但其移置性差和成本高的缺点不符合未来交决策支持系统的趋势。但是在道路网络越来越复杂的今天,模型效率也是重中之重。因此,未来的交通分配模型一定会在精度和效率之间寻求一定的平衡,同时还要保持低成本和强适应性。

对于本书中提到的网络流交通分配模型,还存在两个比较重要的优化途径。首先是多源多汇网络的拆分。本书中为了保证效率,根据问题的不同分别选择了单源单汇拆分和单源多汇拆分。在未来,如果能够获得更准确的预测交通流,则可以全部选择单源单汇拆分来保证精确度。同时各个 OD 对之间是独立完成的,还可以通过并行计算提高效率。其次,随着诱发事件的因素与事件的关联关系挖掘更加深入,除去通行时间这一费用之外,还可以引入在事件条件下管理者更关心的指标作为费用,使得配流结果更符合实际需求,真正最大限度地防止二次事故的发生。

本书主要关注事件条件下高速公路网的动态交通流分配问题,主要分为突发性事件条件下和计划性事件条件下。未来可研究更多场景下的交通量分配问题,如常态下的动态交通流分配问题等,以便适合现实情况下的不同需求。此外,本书所使用的数据主要为高速公路网出入口收费流水数据,未来可考虑多源数据融合(如加入车辆实时全球定位系统)技术,以便对路网流量等实时运行状态作出更加精确的估计,从而更好地服务于动态交通流分配任务,构建更加实用的智能交通系统。

参考文献

[1] MERCHANT D K, NEMHAUSER G L. A model and an algorithm for the dynamic traffic assignment[J]. Transportation Science, 1978,12:183-199.

[2] YAGAR H, YANG S. Traffic assignment and signal control insaturated road networks[J]. Transportation Research A,1971,29(2):25-139.

[3] 秋叶拓哉,盐田阳一,北川宣稔. 挑战程序设计竞赛[M]. 巫泽俊,庄俊元,李津羽,译. 2版. 北京:人民邮电出版社,2013.

[4] 胡婷,于雷,赵娜乐. 动态交通分配理论研究综述[J]. 交通标准化,2010(9):6-10.

[5] CAREY M. A constraint qualification for dynamic traffic assignment model[J]. Transportation Science,1986,20(1):55-58.

[6] CAREY M. Nonconvexity of the dynamic traffic assignment problem[J]. Transportation Research B,1992,26(26):127-133.

[7] JANSON. A graph Fourier transform and proportional graphs[J]. Random Struct,1995(2):341-351.

[8] 岳云. 基于启发式算法的动态交通流分配模型研究[D]. 西安:长安大学,2014.

[9] DORIGO M,STUZLE T. Ant Colony Optimization[M]. Cambridge:MIT Press,2004.

[10] BULLNHEIMER B,HARTL R F,STRAUSS C. A new rank-based version of the ant System:A computation study[J]. Central European Journal for Operations Research and Economics,1999,7(1):25-38.

[11] STUZLE T,HOOS H H. MAX-MIN Ant System[J]. Future Generation Systems,2000,16(8):889-914.

[12] JANSON B N. Dynamic traffic assignment for urban road network[J]. Transportation Research B,1991,25:143-161.

[13] HUSSEIN D. An Object-oriented Neuralnetwork Approach to Short-term Traffic Forecasting[J]. European Journal of Operational Research,2001(132):253-261.

[14] 石小法,王炜. 动态交通网络的用户均衡配流模型[J]. 东南大学学报(自然科学版),2001,30(1):111-116.

[15] 高自友,任华玲. 城市动态交通流分配与模型算法[M]. 北京:人民交通出版社,2005.

[16] 杨兆生. 智能交通运输系统概念[M]. 北京:人民交通出版社,2003.

[17] 黄海军. 城市交通网络平衡分析——理论与实践[M]. 北京:人民交通出版社,1994.

[18] 韩舒,王雪松,方守恩,等. 基于动态交通分配的杭州湾跨海大桥紧急事件管理[J]. 同济大学学报,2011:1805-1820.

[19] 胡明伟,史其信. 应用交通仿真软件PARAMICS验证交通分配模型[J]. 中南公路工程,2003(2):1-7.

[20] ZHANG J. Data-driven intelligent transportation systems:A survey[J]. IEEE Trans. Intell.

Transp. Syst.,2011,12(4):1624-1629.

[21] HINTON G E, SALAKHUTDINOV R R. Reducing the dimensionality of data with neural networks[J]. Science,2006,313(5786):504-507.

[20] 张魁麟,邵春福,王力邵.基于分布式并行算法的动态交通流分配研究[J].北方交通大学学报,2002,26(5):57-61.

[23] 王天楠.基于车辆进出数据的高速公路旅行时间预测方法研究与实现[D].北京:北京大学,2013.

[24] 谭满春.面向ITS的高速公路网交通分配与入口匝道控制方法研究[D].广州:华南理工大学,2013.

[25] 美国交通研究委员会TRB.道路通行能力手册(精)[M].北京:人民交通出版社,2007.

[26] 常云涛.高速公路网动态OD矩阵估计及匝道与路由协调控制研究[D].上海:同济大学,2004.

[27] AHMED M S, COOK A R. Analysis of freeway traffic time-series data by using Box-Jenkins techniques[J]. Transp. Res. Rec.,1979,722:1-9.

[28] 王秋平,王中芳,赵硕.动态交通流分配模型[J].长安大学学报(自然科学版),2011,31(2):81-85.

[29] 谢金星,邢文训.网络优化[M].北京:清华大学出版社,2000.

[30] 王华,孟祥旭,马军.基于路径的多源多汇最大流问题研究[J].计算机工程与应用,2005(28):177-120.

[31] 王薇.基于网络平衡的大范围交通协调控制系统理论及技术研究[D].吉林:吉林大学,2008.

[32] 袁鹏程,韩印,范炳全.网络流量随机条件下的随机交通网络平衡分析[J].城市交通,2007,5(3):53-57

[33] 孙眉浪.基于路网运行效率的高速公路交通事故诱导研究[D].西安:长安大学,2015.

[34] 马阿瑾,高速公路交通事故持续时间和影响范围研究[D].西安:长安大学,2013.

[35] 王谷,过秀成,姜玉佳,等.高速公路交通运行效率监控方法研究[J].公路交通科技,2010,27(4):155-158.